COITADO DO TIO JUQUINHA

Luiz Gastão Paes de Barros Leães

COITADO DO TIO JUQUINHA

Narrativa

São Paulo
2019

EDITORA SINGULAR

Dados Internacionais de Catalogação na Publicação (CIP)
Agência Brasileira do ISBN - Bibliotecária Priscila
Pena Machado CRB-7/6971

L434 Leães, Luiz Gastão Paes de Barros.
Coitado do tio Juquinha / Luiz Gastão Paes de Barros
Leães. —— São Paulo : Singular, 2019.
120 p. ; 27 cm.

ISBN 978-85-53066-28-5

1. Literatura brasileira. I. Título.

CDD B869.3

Diagramação: Dorival Lopes Junior
Design de capa: Dorival Lopes Junior
Formato: 22 x 27 cm
Papel: Offset 75g/m^2
Tipologia: Times New Roman
Número de páginas: 120

Créditos das fotografias

Imagem de capa: *Picnic no Rio das Pedras de Almeida Jr.,* Fotografado por Romulo Fialdini/ Tempo Composto.

Página 17, *Leitura*, Almeida Júnior, Fotografado por Romulo Fialdini/Tempo Composto

P. 43, *Retrato de Dr. Prudente de Moraes*, Almeida Júnior, Fotografado por Romulo Fialdini/ Tempo Composto

Páginas 18, 19, 27, 29, 30, 31, 32, 33, 34, 36-37, 42, arquivos de O Estado de São Paulo

Páginas 58, 59, 87, 98, 90, 91, 92, 93, 94, 95, 99, 100, 101, 102, arquivo do autor

Página 78, Getty Images

Página 96 superior, Prefeitura municipal de Bocaina,

Página 96 inferior e 97, Antonio L. Teixeira

Editora Singular
Telefone: 11 3862-1241
Internet: www.editorasingular.com.br
E-mail: singular@singular.com.br

SUMÁRIO

Hitherto I have boarded up mementoes and
monuments of the past; been a worshiper of
all heirlooms; a fond filer away of letters,
locks of hairs, bite of ribbon, flowers, and the
thousand-one-minutenesses which love and
memory think they sanctify.

H.M. in Pierre; or, The Ambiguities (1852)

Capítulo I

O CRIME

Comment agir, ô coeur volé ?

A.R.

\- 1 -

Ainda estava escuro quando, na manhã de 11 de novembro de 1899, Juquinha deixou o sítio onde morava para pegar na estação de Rio das Pedras, no interior de São Paulo, o trem com destino à Capital. Pretendia, uma vez mais, entender-se com os seus credores hipotecários, comissários de café em Santos, a fim de ver se deles obtinha prorrogação de prazo para o pagamento da dívida. Passara uma noite de cão, pois mal conciliara o sono, sobressaltado por pesadelos a respeito dos seus negócios. Na realidade, não encontrava a menor receptividade dos seus financiadores. Há meses, sentia que a catástrofe se aproximava: a formação da lavoura de café, que tantos anos de trabalho lhe custara, estava condenada ao fracasso. Suas noites eram só insônia e desespero. Custava a encontrar para o corpo a posição adequada. Virava ora para a esquerda, ora para a direita, ora ficava de bruços, experimentava outras posições que sempre lhe soavam incômodas. Quando o corpo começava a ceder e a mente a mergulhar suavemente numa camada de letargia, era despertado por uma pinçada que o trazia de volta à realidade do calvário financeiro pelo qual estava atravessando. Passava a noite a virar-se e a revirar-se na cama, até que só restava levantar-se. É o que fez nesse dia mal ouviu o alvoroço dos passarinhos junto à janela do quarto. Num salto, levantou-se e se aprontou para a viagem. No quarto de arreios, apanhou a cabeçada e a coalheira, arreou o burro, atrelou-o à charrete e partiu para a estação.

José de Almeida Sampaio - Juquinha para os íntimos - era conterrâneo, primo e amicíssimo de José Ferraz de Almeida Júnior, e muito o ajudara quando o pintor retornou do seu estágio no exterior e se instalara em Itu, antes de se transferir para São Paulo. Quando ia à Capital, freqüentava a casa do primo, a quem pedira que acolhesse o seu filho Renato. Desta vez, porém, não imaginava encontrá-lo em seu estúdio, na rua da Glória. 74, onde costumeiramente se alojava. Fora informado pelo seu cunhado, Ladislau do Amaral Campos, que o pintor estaria ausente de casa, hospedado na residência de Amador de Campos Pacheco, para onde fora, trazendo consigo o filho de Juca. Entregara o menino a Ladislau, pedindo que comunicasse ao pai que abandonara a Capital em razão da peste bubônica que se alastrara na cidade, e que se dirigiria à estação de João Alfredo, onde pretendia demorar-se um dia em visita à família de Juca, que lá se achava, na fazenda Boa Esperança, para depois partir para São Pedro, onde almejava permanecer algum tempo. Juca gostava da companhia do primo famoso, onze anos mais velho. Oriundos do mesmo rincão interiorano, encontrava no companheiro mais idoso (Juca tinha 38 anos de idade e Almeida Junior 49) a projeção de uma figura paterna atenuada pela camaradagem e, ainda mais, aureolada pela notoriedade. Na realidade, tinham afinidades; davam-se bem e eram íntimos. Familiarizados com a crônica da cidade, que se mesclava à história de ascendentes comuns, dispunham de assuntos para conversas infindáveis. A esses temas somavam-se as confidências do pintor, que estudara cinco anos no Rio de Janeiro, na Academia Imperial de Belas Artes, e seis anos, na cidade-luz, sob orientação de Alexandre Cabanel, como pensionista do imperador Pedro II. Admirava o talento do primo e amigo, que encantara o imperador, a ponto de Sua Majestade lhe subvencionar a viagem à Europa, em 1876, quando mal completava 26 anos, ao deparar-se com um quadro de sua autoria na inauguração da estação da Mogiana. Freqüentaria a Escola de Belas-Artes de Paris, para só regressar ao Brasil em 1882. Numa notícia dois anos depois do seu retorno, o jornal *Imprensa Ytuana*, de 27 de abril de 1884, assim descreve a figura do pintor: "Modesto no porte, simpático no trato, olhar firme e seguro, lábio trêmulo e sensual, apenas sombreado por ligeiro buço, imberbe, cabelo redemoinhado sobre a direita e contornando uma fronte espaçosa que se enruga rapidamente quando o artista está animado, a sua fala descansada de paulista discorre sobre sua arte, louva os quadros dos amigos e admira os primeiros mestres". Em todos os depoimentos, Almeida Júnior é descrito como um homem do interior, sendo sempre ressaltado o seu recato e a sua timidez. O articulista e poeta Ezequiel Freire, que o conheceu, assim o descreve num depoimento de 1910: "retraído, cismador, contemplativo, de feições acentuadas a que a extrema mobilidade dos músculos dá uma original expressão inteligente. Pele morena, luzente, barba escassa, como os caipiras que retratou, estatura meã, atitudes curvilíneas, marcha ondulada e ritmada". Juquinha, o primo mais moço, não poderia destoar muito. Um pouco mais expansivo, talvez. Baixo também, mas atarracado e bem mais forte, tinha a polidez e a reserva de sua gente, sem deixar de ser o que de fato era: um agricultor, rude e determinado, pioneiro no avanço dos cafezais pela "Boca do Sertão", como era conhecida a zona de Itu em direção a Piracicaba. É assim, aliás, que vem retratado pelo pintor numa tela de um piquenique no Rio das Pedras, de viés, de terno branco, linho 120, com uma garrafa na mão.

Mas tinha, de fato, ido a São Paulo para tratar de seus interesses? Nessa viagem estaria realmente ensaiando um último e difícil lance, nela empenhando as suas fichas derradeiras? Acalentaria a ilusão de que uma última cartada ainda seria viável? Ou dentro de si já admitia que perdera o jogo e se sentia inapelavelmente derrotado? O fracasso, como um veneno letal inoculado em doses imperceptíveis, a princípio não chama a atenção, mas logo aflora, com virulência quase física, quando Juca refletia sobre os seus últimos movimentos. Como a medida de profundidade de um descalabro é ditada, não pela intensidade do processo, mas por seu grau de invisibilidade, é de repente que a consciência da derrota vem à tona, e Juca via, com duplo estremecimento (pois tudo lhe parecia vertiginoso e lento ao mesmo tempo) que estava completamente perdido.

Em 21 de setembro de 1899 escrevera a seu credor, Lara Campos, Toledo & Cia., comissários, de Santos, uma carta em que se declarava insolvente e propunha a liquidação da hipoteca, com a entrega da fazenda, pedindo uma reunião para o dia 31 do mesmo mês: "Na impossibilidade de poder continuar com o sítio, resolvi liquidar a hipoteca. Como V. Sª é o maior credor e hipotecário, nada posso resolver sem a sua presença. Peço, portanto, o seu comparecimento no Rio das Pedras no dia 31 deste. Espero que o amigo não irá faltar a essa reunião, pois creio que poderemos chegar a um fim; pois com as dificuldades do presente me é impossível continuar". Os termos da carta não podiam ser mais objetivos, mas escondiam uma jogada pueril. Juca suspeitava que o credor, na realidade, queria receber a dívida e não o imóvel, de sorte que, na reunião aprazada com demais credores, haveria a esperança de que lograria persuadi-lo a alongar o vencimento. Comerciantes experientes, os credores não se deixaram cair na inocente artimanha do rude agricultor. Não responderam à carta, nem se fizeram representar na reunião do dia 31. Diante do silêncio e da ausência de seus credores no dia aprazado, Juca se descontrola e, no dia 3 de outubro 1899, abre o jogo numa correspondência dolorosa: "Tratando de arranjar com meus credores prazo suficiente para poder continuar com minha lavoura aqui no Rio das Pedras, tenho obtido de alguns e da maior parte prazo de 5 anos sem juros, volto à sua presença para lhe pedir igual prazo. Sendo V. Sª credor hipotecário, eu só peço prazo a fim de atender esta quadra difícil que estou atravessando. Se obtiver prazo vejo-me coberto das misérias em que ficaria, cheio de filhos e não perco meu trabalho nem meu sacrifício de 15 anos. Se V.Sª me conceder esse prazo peço-lhe reformar a hipoteca em condição de no quinto ano ficar liquidado, obrigando-me a fazer uma entrada anual a fim de amortizar a dívida. Sr. Lara, tenho a lavoura em muito boas condições; daqui há pouco estarei colhendo bastante café. Creio que V.Sª não há de arrepender-se de me fazer este benefício. Aguardando sua ordem para meu governo" (a) José de Almeida Sampaio. Continuando sem resposta, em 3 de novembro Juca novamente remete uma carta para os comissários, reiterando o pedido e transferindo a reunião para o último dia do mês. Não recebe, porém, qualquer retorno. Desesperado, Juca resolve, no dia 11 de novembro, embarcar para São Paulo para tratar pessoalmente dos seus negócios. No dia 13 sucederia a tragédia. Na realidade, mesmo antes de embarcar para São Paulo, o silêncio dos seus credores já lhe sinalizara claramente a resposta negativa. Sem o recebimento de qualquer manifestação dos seus financiadores, Juca já intuíra que as suas tentativas de persuasão não se revelaram eficientes. Em correspondência datada de 30 de janeiro de 1900, que consta dos autos do processo-crime, a dura resposta dos comissários a uma carta de Juca (ou de seus advogados), e quando já divulgado pelos jornais o crime pavoroso, vazada em termos cautelosos que o devedor no íntimo, evidentemente, já previa: "Ilmo Sr. José de Almeida Sampaio. Piracicaba. Amigo e Senhor. Acabamos de receber sua estimada de ontem, que respondemos. Satisfazendo ao seu pedido, juntamos cópias das cartas de V.Sª nos endereçou em 21 de outubro e 3 de novembro próximo passado, a primeira, convidando-nos para a reunião dos credores no Rio das Pedras, convocada para 31 deste mesmo mês e a segunda, nos comunicando que a maior parte dos seus credores lhe concedera prazo de 5 anos sem juros, pedindo-nos por isso concessão de reforma da escritura de hipoteca e comprometendo-se V. Sª a liquidá-la dentro do prazo solicitado. Essas cartas, das quais fornecemos cópias, existem no nosso arquivo, porém, não foram respondidas e nem nos fizemos representar na reunião porque, sendo credores hipotecários e, por isso mesmo, garantidos, não nos convinha fazer concessão de maior prazo nas condições de seu pedido. Somos, com estima e consideração, de V.Sª Amº Cdº Obrº (a) Lara Campos, Toledo & Cia.".

Na verdade, a viagem a São Paulo tinha uma finalidade secreta, embutida no escopo ostensivo, a essa altura de valor secundário, de dar cobro ao seu problema econômico. Juca sentia que o seu mundo particular desabava desgraçadamente também em outra vertente, muito mais atroz. Além da traição que a vida lhe aprontara na sua luta para a formação da fazenda e o plantio do café, Juca via agora somar a provável traição da companheira. Haveria base na suspeita humilhante? Em depoimento prestado como testemunha no processo, Anna Brandina de Sampaio, irmã de Juca, afiança que "entre seu irmão e Almeida Júnior reinava perfeita amizade", informando que, "na verdade, há cerca de um ano, mais ou menos, ele indiciado presente consultou-lhe sobre o comportamento de Almeida Júnior como amigo íntimo da casa e ela informante recorda-se de então ele haver dito que confiava inteiramente na fidelidade de sua mulher, sendo esse também o juízo dela, informante". Várias testemunhas, porém, contestaram essa afirmação. João Baptista de Castro, hoteleiro, natural e residente de Piracicaba, asseverou que corriam boatos "de manter Almeida Júnior relações amorosas com a mulher do denunciado, segundo ouviu dizer, como soube também por ouvir dizer por diversas pessoas que tais relações já existiam há muito tempo". Alonso de Carvalho, outro depoente, lavrador em Itu, disse saber "que Almeida Júnior tinha antiga amizade com o acusado, que era seu parente e cuja casa costumava freqüentar e que ouviu o irmão do acusado, de nome Antônio de Almeida Sampaio, dizer a ele, depoente, que há anos havia prevenido seu irmão contra aquela amizade, e o dissera na presença de outras pessoas, se bem que não se lembrava se declinara os motivos de sua desconfiança". Outra testemunha, o senhor Antonio de Mello Cotrim, natural de Tatuí, confirmou que, pelo que constava, "o motivo verdadeiro do crime era o fato de existirem relações ilícitas entre Almeida Júnior e a mulher do denunciado e que isto já era coisa velha, de modo que não se surpreendeu com o acontecimento e logo presumiu quem seria o autor do delito".

Todas essas certezas e convicções só viriam à luz e ganhariam transparência após a tragédia. Antes eram apenas suspeitas vagas, sussurradas nos cantos dos salões das casas e do clube, ou comentários mordazes ditos em voz baixa no jardim da praça ou no pátio da igreja, que Juca não poderia deixar de repudiar com veemência, quando, finalmente, lhe chegaram aos ouvidos. Era um homem reto que não se deixaria abalar pela maledicência. Ao consultar a irmã, no entanto, mostrava que há algum tempo a boataria alojara em seu espírito os seus ovos envenenados e as primeiras larvas do ciúme começavam a eclodir. Por alguns segundos, Juca via desfilarem as possibilidades indignas que disputavam a sua imagem de pobre traído. Um rastilho de fogo viajava por suas veias a toda velocidade em busca de um ponto de combustão absoluta que o conduzia, de um estado de estupefação a um grau de explosão irracional, quando então pensava em eliminar a sua companheira, até aquele momento objeto do compromisso amoroso de sua vida, ou exterminar com um golpe fulminante, como se abate uma rês, o traidor de uma amizade até então a mais devotada. Atingido esse ápice, reconsiderava; procurava olhar-se e olhar o mundo sem as lentes do ciúme. Não havia nada de concreto que embaçasse a sua crença nesse amor único. O murmúrio maldoso provinha de uma comunidade tacanha. Reles. Mas a suspeita não se desvanecia. Juca escrutava, procurava apreender nas entrelinhas. Descobriu a mecânica voluptuosa de interpretar e deduzir. Desenvolveu uma imaginação retrospectiva prodigiosa e passou a detectar em fatos passados a presença encoberta do desejo, como se a convivência com o amigo estivesse incubando paixões imperceptíveis, efervescentes, unidas por um denominador comum: seqüestrar o seu objeto de amor e o usá-lo, com a vil conivência do objeto seqüestrado. Assim, reconhecia como emanações de desejo de sua mulher quando ela demorara um pouco mais os dedos no braço do amigo, no meio de uma conversa, ou dera um beijo de despedida mais lento. Na ocasião transformara todas essas suspeitas em causalidades inocentes que, agora, repatriava no meio de surtos de ira incontroláveis. Seria verdade? Mas e as provas? E se a investigação que silenciosamente vinha desenvolvendo se mostrasse, de fato, frutífera, que atitude deveria tomar? Matar? A quem? Aproveitaria a chance de dar cabo à própria vida, agora que os seus negócios também desandavam? Seis meses antes do crime Juca adquirira uma faca-punhal - segundo ele, para carregar nas viagens.

- 2 -

Em fins de 1899, São Paulo contava com uma população respeitável de 240 mil habitantes, quase metade de origem italiana. A paisagem humana reforçava o seu ar europeu, sobretudo quando sobreposta aos prédios então erguidos, que não passavam de inspirações, quase cópias, da arquitetura vigente no Velho Mundo, a substituir as velhas construções coloniais. A vestimenta da população era pesada e sombria. As imagens disponíveis mostram as primeiras multidões, em geral de trabalhadores, tendo, como fundo, construções fabris. Tílburis e tróleis disputavam espaço com os bondes a tração animal (o bonde elétrico só passaria a circular no ano seguinte, virada a página do século). Os paulistanos recebiam os eflúvios dos novos tempos, dando um pequeno toque mundano às ruas do centro, onde se instalavam alguns salões e confeitarias, que emprestavam uma certa movimentação noturna à cidade, que, no entanto, continuava lenta e provinciana, quando comparada com o Rio de Janeiro. O triângulo formado pelas ruas de São Bento, Direita e da Imperatriz (desde a proclamação da República, rua 15 de Novembro), constituía a parte mais animada da cidade. Na 15 de Novembro localizam-se a confeitaria de Nagel, com fábrica de gelo, e as lojas da Garraux. Em 1892, fora construído o Viaduto do Chá, com cobrança de pedágio. Em 1894, foi criada a Escola Politécnica, e, em 1895, o Museu do Ipiranga. São Paulo assumia a hegemonia política do Brasil com a eleição de Prudente Moraes para a Presidência da República (1894-1898), logo sucedida por Campos Salles (1898-1902). Os bairros verdadeiramente residenciais ficavam afastados, além da cidade nova, ou seja, além do córrego Anhangabaú, onde se encontra, hoje, o Teatro Municipal (o Municipal começaria a ser construído logo depois, em 1903). Por volta de 1878, o alemão Frederico Glette, proprietário do Grande Hotel, situado na Rua São Bento, associado a um patrício, Victor Nothmann, loteia o bairro de Campos Elíseos, que passa a ser o preferido pela camada mais afluente, em virtude da proximidade da Estação da Luz. Em 1891 é inaugurada a Avenida Paulista numa região ainda marcada por acentuadas linhas rurais. Alguns anos antes, em 1883, o pintor Almeida Júnior deixaria a sua cidade natal e instalaria o seu ateliê num pequeno rés-do-chão à rua da Princesa, n. 11, mudando-se em 1888 para a rua do Imperador para finalmente se transferir a um imóvel que lhe foi cedido pelo conselheiro Antônio Prado na rua da Glória, nº 74, no atual bairro da Liberdade, próximo do centro velho. O terraço da casa abria-se para os fundos do antigo Teatro de São José, um núcleo cultural raro do período que se localizava, bem próximo, no largo de São Gonçalo, atual Praça João Mendes. A tela *Leitura* (1892) do pintor exibe uma jovem senhora (que se supõe, sem muita exatidão, seja o pivô do drama) sentada junto à grade do terraço do imóvel, segurando um livro, vendo-se ao lado uma construção vizinha com toldos listrados e, ao fundo, um espaço mais rural do que urbano, com algumas construções, uma das quais se presume deveria ser o teatro.

CASA J TALLON

Além de uma menção ao curso de um riacho. A imaginação do artista não precisaria, por certo, reproduzir servilmente a realidade flagrada e poderia quem sabe? ter espichado um pouco o tema campesino, mas tudo faz supor que na cidade de São Paulo de então o urbano e o rural ainda se contrastavam até nos arredores do centro alto.

Chegando à Capital, Juca dirigiu-se de tílburi da Luz à rua da Glória, aproveitando o trajeto para repassar, em escrutínio severo, todos os trechos do script que há dias o obcecava. Apeando no número 74, bateu a aldrava da porta com um vigor despropositado e invadiu o corredor de entrada tal como um aríete põe abaixo o portão da cidadela assediada, não se dando sequer ao trabalho de cumprimentar o empregado que lhe franqueou o acesso a casa, posto que, mesmo com os olhos vendados, saberia se orientar por todos os cômodos, tantas vezes lá se hospedara. Eram quatro horas da tarde mais ou menos. Conhecia a casa inteirinha, assim como conhecia o fiel caseiro Severino – Severino Miguel da Cruz, que, mais tarde, denunciaria um estranho saque de quatro medalhas de ouro cometido após a morte do pintor. Tinha bem gravado na retina todos os móveis, louças, pêndulos, reposteiros e demais trastes que se achavam em vários pontos da casa, de que sempre gostou e que foram pormenorizadamente listados pelo leiloeiro Alfredo C. Pereira no anúncio que este fez publicar no *Diário Popular* em 3 de março de 1900, ao avisar o público do leilão judicial do espólio de Almeida Júnior que realizaria nas próprias dependências da casa, na segunda-feira seguinte, dia cinco ao meio dia. Ao conscientizar-se do comportamento descortês para com Severino, na entrada da casa, Juca soube logo como refrear a impulsividade, dirigindo-se com afabilidade ao empregado, que retornou ao seu campo visual com o seu rosto branco, fortemente sombreado pela barba escanhoada, e o informou que sabia estarem ausentes o pintor e o filho Renato, mas que tencionava ficar alguns dias hospedado na casa, pois viera à Capital para tratar de negócios. Sorridente, o empregado respondeu com um gesto de assentimento e ofereceu um café ao amigo do patrão. Enquanto esperava, Juca sentou-se numa cadeira junto à mesa e varreu com um olhar ansioso os móveis da sala de jantar. Além de uma mesa de cinco tábuas, havia vários móveis maciços de nogueira, cristaleira e guarda-prata, com tampos em mármore de Carrara, o relógio de pêndulo, quadros e diversos aparelhos para almoço e jantar, e um buffet com compoteiras, copos, taças, licoreiro, cálices, xícaras, talheres e jogos de copos de cristal. Depois de tomar o café que lhe foi trazido pelo criado (que em seguida se recolheu para preparar o jantar), Juca se dirigiu para a sala de visita. Depois de passar em revista a mobília Luís XV e uma dunquerque, com porta de espelho, e espiar por detrás das jarras, no porta bibelôs e entre os objetos decorativos armados em cima de um piano Henry Herz, que aparece reproduzido na tela *Descanso do modelo* (1882), procurando sei lá o quê, encaminhou-se para o quarto que o filho ocupava na casa, que era colado ao de Almeida Júnior, com a intenção de "mudar de roupas", como mais tarde explicaria. Na verdade, procurava alguma prova que ou validasse a sua obsessão, ou dela o liberasse. Ia e vinha pelos cômodos sem descanso, com o frenesi de quem temesse que qualquer hesitação talvez o fizesse reconsiderar e ir embora. Era um quarto simples, com boa guarnição de canela *cirée*, aparelho para toalete, escarradeira. Serviu-se do gabinete de vestir do artista para fazer sua toalete quando deparou com algumas cartas que estavam sobre o lavatório, reconhecendo no subscrito de uma delas a letra de sua mulher. Alçou-a, suavemente, dentre as outras, com dois dedos, como se hasteasse de uma urna um bilhete lacrado, e procurou abrir o envelope como se desativasse o dispositivo de uma armadilha, notando, então, que o invólucro havia sido cortado ao redor por uma espátula e que se abria em quatro, deixando ver que o seu interior se achava todo escrito a lápis num cursivo que deploravelmente tão bem conhecia. Observando a uma formalidade que lhe parecia necessária, levou a carta às narinas e sorveu um perfume que lhe era familiar. Devorou, a seguir, o texto, aproximando o papel quase junto aos olhos para decifrar as garatujas. Finda a leitura, simplesmente desabou sentado na cama, como se todo o combustível, que o conduzira o dia todo com tanta energia à casa do primo, subitamente tivesse sido cortado mediante a confirmação que encontrara na correspondência. Ficou algum tempo completamente paralisado, em silêncio, ouvindo apenas a crepitação do papel na mão direita; depois, caiu num choro convulsivo, esboçando no ar uma série de gestos espasmódicos.

Tudo ocorrera num turbilhão: a viagem depois de uma noite insone; a percepção de que os negócios realmente nunca se acomodariam; a antevisão da catástrofe; a evidência da traição de Maria Laura; e principalmente a carta sórdida - tudo havia se precipitado, como numa proveta produtos químicos mais densos desabam e repousam no fundo, formando ali uma camada pastosa e letal. O espanto da nova realidade o deixava à beira da catatonia. Subitamente saiu do transe e num salto se pôs de pé e, como se a chama de um pavio interno novamente se reacendesse, dirigiu-se, em passos rápidos pelo corredor ao quarto contíguo do pintor. Uma réstia de luz vindo da porta aberta iluminava fugazmente o madeiramento do assoalho. Com furor vasculhou todos os móveis, forcejou as gavetas da cômoda e do armário, revistou o criado-mudo, retirou as gavetas para verificar se havia algum fundo falso. Revolveu a cama, revirou o colchão. Sobre um aparador, encontrou algumas cartas, conferiu as letras e as pôs no bolso. Em seguida, dirigiu-se ao ateliê, a fim de ver se descobria outras; escancarou algumas gavetas, encontrando, por fim, numa caixa de papelão sobre uma mesa, um maço de cartas que reconheceu serem de sua mulher. Com uma curiosidade quase lasciva, passou os olhos em algumas delas, abandonado-as a seguir sobre a mesa, para ir chamar o criado. Precisava de mais liberdade para a devassa. Escreveu um bilhete ao doutor Estanislau do Amaral, que, tal como estava combinado, lhe deveria entregar um conto de réis por ordem de Theophilo do Amaral Campos, e pediu a Severino que o apresentasse àquele senhor, à rua Visconde do Rio Branco, número 59, e lhe trouxesse o numerário. Nesse ínterim, ficaria tomando conta da casa. Severino, em seu depoimento, disse que Juca estava completamente perturbado e quase não conseguia escrever o bilhete, falando coisas que ele não entendeu. Logo que se viu livre com a saída do empregado, mergulhou na leitura das cartas. Eram devastadoras.

A signatária registra a lápis, com ponta fina, em laudas de papel escritas dos dois lados, a sua paixão desvairada pelo pintor, o seu desespero em relação aos problemas econômicos que oprimem a sua família e a sua total aversão pelo marido, com quem se casara quando tinha apenas 13 anos (ele, 23), o que, de resto, não era incomum na época. A redação das cartas é descuidada, tosca, freqüentemente truncada, o que é compreensível em quem, até pela idade em que se casara, carecia de maior escolaridade. Além do mais são mensagens escusas, redigidas às escondidas, via de regra à noite, sob a luz escassa das velas. A devoção amorosa aparece mesclada a um estado de profunda ansiedade: "Sinto uma saudade cruel de você; parece que já faz um ano que não te vejo, um ano que não nos abraçamos. Quando foi isso? Me parece um século", diz numa carta datada de 23 de setembro, provavelmente de 1899 (a carta tem um carimbo da agência do correio de Rio das Pedras sobre um selo de 200 réis e mais dois carimbos do correio de São Paulo, mas não revela corretamente o ano). Em outra carta, esta de 13 de outubro de 1899, escreve: "Deus que me arranje um meio de não ficar longe de você, pois tudo mais não é nada; isso é que me faz maior sofrimento". Em três folhas de papel diplomata, de formato pequeno, sem data, escreve: "Meu bem, está chegando o dia de martírio para mim: separar-me de você, eu fico desesperada com isso, você não pode calcular em que estado fico, me vem mesmo o desespero, eu podia viver feliz na tua companhia, afastada dessa gente que só serve para me fazer sofrer, eu já não posso mais suportar esta vida"; [..] "parece que os negócios do Rio [das Pedras] não me dão a esperança de me fazer feliz, creio que já não tratam mais disso não? Ou ainda há tempo? Meu Deus, seria a minha felicidade, assim eu teria esperanças de em breve cair em teus braços..." [...] "Agora quando te verei? Marque quando vem para eu te esperar" [...] "não me canso de pedir a Nossa Senhora de Lourdes que atenda a meus rogos" [...] "só peço a nossa união; quero viver ao teu lado, amando-te com toda a dedicação, meu Deus, que felicidade" [..] Aceite tudo quanto pode haver de afeto, saudades loucas" [...]. É "meia noite. [...] Vou te esperar; quero demais te ver. Adeus, abraço e beijo a tua eterna e terna boca. Vai com pingos de lágrimas de saudades."

À devoção ao pintor se contrapõe uma repulsa pelo marido, a quem se refere com expressões desairosas: *peste inútil, essa peste, o peste, burro, imundo, nojento, a quem cada vez mais odeio, causador de todas as minhas desgraças, desgraçado, coisa a toa que eu não posso mais suportar, sujo, aza negra, se eu pudesse fugir do mesmo ar que ele respira seria a felicidade.* Não acredita minimamente que o marido consiga superar as dificuldades por que está passando: "Agora a peste inútil e imunda diz que vai pedir rebate, todos os credores deixando pela metade, como coisa que há de conseguir isso, e depois aonde ele há de achar todos que dêem dinheiro para ele sacrificar e pôr fora, vai dar tanto prejuízo, ainda pensa em demorar mais, eu sofro demais de me ver sob a direção de um coisa tão inútil". Chega a torcer contra o esforço do marido: "Que exijam o vale desse burro". A certa altura, aconselha ao pintor a se precaver, pois Juca pode recorrer a ele, pedindo dinheiro emprestado: "Você não calcula quanto estimei não pagarem o teu quadro tudo de uma vez, porque se ele visse você receber 50 contos essecara dura não ia sair de cima do teu suor". Implora aos céus a morte do marido e insinua a possibilidade de o mesmo vir a ser assassinado: "me consolava muito e muito se visse livre desse inútil causador de todas as minhas desgraças neste mundo, não há de morrer esse desgraçado para me deixar livre?". [...] "Meu Deus, quando me verei livre de semelhante peste, podia esses colonos fizessem essa grande limpeza e cuidado para mim". Fala também nas cartas dos filhos, dois dos quais insinua serem de Almeida Júnior, principalmente a menor: "Está com seis anos a tua filhinha; sinto ver ela na idade de receber educação, que havia de ser boa tendo um pai como ela tem e não aproveitar" [...] "...a boazinha de nossa alma está cada vez mais interessante e mais ativa, tenho muito dó dela, não passa um dia que não falo de você". E como se quisesse persuadi-lo de que os pequenos são, de fato, filhos de seu amante, alude a uma semelhança principalmente de atitude. Quando a pequena brinca, comenta num dos bilhetes, "os brinquedos são ouvidos e vistos com chuveiros de lágrimas que não posso conter vendo uma expressão tão igual que parece que herdou tudo". E, "querido, o outro... está muito ativo também e bonitinho".

Era tal o espanto e tão profundo o agravo, que Juca sentiu que lhe faltava chão, sendo soterrado completamente pelo mundo que desmoronava em cima dele. Encostou-se numa das paredes e com as costas contra ela deslizou o corpo, flexionando os joelhos para afinal ficar, primeiro de cócoras, depois sentado sobre o tapete, a absorver tudo o que lera. As informações que as cartas lhe transmitiram tinham camadas sucessivas; cada vez que soltava uma, pensando aliviar-se, logo aparecia outra, ainda mais repulsiva. Levou bem uma meia hora para se colocar de pé. Procurou recompor-se, pois se lembrou que Severino não tardaria a estar de volta, o que de fato ocorreu, trazendo a informação de que a resposta à carta que levara viria daí a pouco, por um mensageiro. Há aqui uma divergência entre os depoimentos de Juca e Severino. Segundo Juca, meia hora mais tarde, um portador do doutor Estanislau chegou, trazendo-lhe o dinheiro, quando então teria deixado a casa da Rua da Glória, na companhia desse portador, de quem separaria no largo do Teatro, dirigindo-se a uma repartição que fornecia passaporte sanitário, necessário, então, nas viagens de São Paulo para o interior. Tendo encontrado a repartição com as portas fechadas, vagou pelas ruas da cidade, pois estava muito agitado, até que mais tarde retornou a ela, oportunidade em que encontrou um parente, o Amaralzinho, que o convidou a dormir em sua casa, na rua Santa Thereza. Embarcaria no dia seguinte para Piracicaba. De acordo com Severino, contudo, Juca teria permanecido na rua da Glória até às sete horas e recebido o dinheiro que lhe foi entregue pessoalmente pelo próprio doutor Estanislau do Amaral. Teria então informado a este que pernoitaria na casa de Raphael Pompeu, na ladeira da Tabatinguera, embarcando no dia seguinte para interior. Ao deixar a casa da rua da Glória Juca teria pedido a

Severino que lhe levasse a mala à estação da Luz no dia seguinte, às cinco da manhã, quando tomaria o primeiro trem. Provavelmente não foi pernoitar em nenhuma dessas moradias, tendo perambulado pela cidade até de madrugada, dirigindo-se antes das cinco para a estação.

- 3 -

Enquanto errava sem destino pela cidade, Juca repassava os últimos capítulos do folhetim em que se transformara a sua vida. De início concentrou sua atenção nas mudanças que, em minutos, se deram na imagem que até então guardava de sua mulher, como a metamorfose de um ser em outro que ocorre na vida de certos insetos, como a conversão da crisálida em borboleta (se bem que, no caso, caprichando na ironia, era a borboleta que se transformara em lagarta). Na intimidade, quando estava sozinha, Maria Laura carregava um semblante fechado; quando, porém, em família, ou com amigos, a sua fisionomia se abria sempre numa expressão comunicativa, freqüentemente sorridente, com o extraordinário brilho de seus olhos verdes. Na igreja ela exibia uma máscara facial séria e compungida, mas que tinha nela uma ponta de orgulho íntimo que provinha da consciência de sua beleza. Juca também conhecia o esgar irônico da companheira, diante de certos fatos em que ele punha fé; assim como as chispas da raiva que disparavam de seus olhos levemente cerrados, quando encontrava alguma resistência à sua vontade. Lembrava-se ainda da expressão de comovida abnegação nos momentos em que Maria Laura fitava as carinhas dos filhos e o seu rosto iluminado nos minutos culminantes do amor físico. Agora Juca via também afivelava na esposa a máscara de amante desvairada e de inimiga impiedosa. A essa Maria Laura multifacetada se mesclava agora o rosto do amigo de tanto tempo, em quem sempre confiara, e o rosto desconhecido de seu duplo. Era o horror: a traição potencializada pela dissimulação.

Aos poucos, gota por gota, essa perplexidade começou a destilar um ódio imenso que logo se transformou em determinação homicida. O coração de

Juca clamava por vingança e exigia a pena de talião, impondo aos traidores os sofrimentos na mesma proporção e de igual intensidade aos que agora sofria. Olho por olho, dente por dente. Ao lhe conspurcar a honra e ao lhe destruir a vida, esses traidores deveriam pagar com a própria vida. Ao sofrer um mal ou dano, a vítima torna-se credora de valor equivalente junto aos seus ofensores. É o que explicaria ao senhor Antônio Alfredo Costa, depoente no processo. Ao perguntar a Juca, após o crime, quando este recebeu voz de prisão, se era inimigo de Almeida Júnior, "ele respondeu que não, que até eram amigos, mas que a vida daquele homem lhe pertencia". A testemunha Silvério Francisco Ferreira também confirmou ter ouvido o mesmo comentário. Matar o rival era, portanto, direito seu, sobre o qual não cabia contestação. Alimentava, porém, sérias dúvidas em relação à mulher. Subtrair a vida da adúltera talvez não satisfizesse a exigência de uma proporção correta entre o grau da dor por ele sofrida e a punição adequada àquela que violara a fé conjugal. No fundo seria permitir que Maria Laura se imolasse num preito ao rival. Melhor poupá-la e seqüestrar o seu objeto de amor, confiscá-lo do mundo, mantendo-a porém viva, a fim de que ela pudesse aquilatar a dor que infligira ao marido.

Pronunciado o veredicto, Juca passou a pensar, enquanto perambulava pela cidade, em como executá-lo. Subindo a rua da Glória entrou no largo de São Gonçalo (atual praça João Mendes, como dissemos), desviando-se de um bonde quase vazio puxado por uma parelha de burros que descia em direção do Cambuci.

SAPATARIA

DENTISTA

Pretendia caminhar pela rua do Marechal Deodoro (antiga rua do Imperador) que ligava o largo de São Gonçalo ao da Sé, pegando a 15 de Novembro e indo por ela até o largo do Rosário (atual praça Antônio Prado), onde ficavam o café *O Ponto* e a confeitaria *Castelões*. (Em 1903 a igreja do Rosário seria derrubada e a área, transformada, seria rebatizada praça Antônio Prado.) Não era a primeira vez que fazia esse trajeto a pé, mas nunca o fizera nesse estado ambíguo de aflição e disponibilidade. Sua trajetória era uma mistura de determinação e acaso. A linha básica estava traçada de antemão, mas cada um de seus pontos encerrava a possibilidade de um desvio. Qualquer coisa em que esbarrava e que lhe chamava atenção, ou qualquer idéia que adejava em sua cabeça sobre como deveria proceder com os seus ofensores, abriam a oportunidade para uma aventura fortuita. Sabia qual era o rumo ao Rosário, como chegar a ele, até mesmo as maneiras de encurtar o trajeto, mas cada lugar por que passava representava uma tentação para olhar e perscrutar. No largo de São Gonçalo os lampiões já estavam acesos, embora a noite não tombara completamente, havendo laivos violeta no céu. Contornou o pequeno jardim central, passou diante dos escombros do teatro São José, que se incendiara um ano antes, examinou detidamente as igrejas geminadas de São Gonçalo e dos Remédios, admirando o frontispício de azulejo da igrejinha. Contemplou por um momento a construção que fora a Casa de Câmara e a Cadeia e agora alojava a Assembléia Legislativa. Movendo os olhos para a direita, notou que um vulto, talvez do porteiro, saía do Museu Sertório, fechando a porta da entrada e desaparecendo na sombra. *"O golpe, pensou com raiva, deve ser um só, no sangradouro, como costumava fazer ao sacrificar os animais do sítio"*. Quer dizer, ele teria que se valer da surpresa, para evitar interferências, e o ferimento, ainda que único, deveria ser fatal. Ademais, o ato deveria ser praticado logo, após o conhecimento das cartas, ou seja, agora, quando se encontrava sob a influência da violenta emoção - que de fato ainda lhe dominava, para que pudesse se eximir de qualquer condenação. Envolvido nessas especulações, foi como um sonâmbulo que caminhou pela Marechal Deodoro, vencendo os dois quarteirões que se interpunham entre o largo de São Gonçalo e o largo da Sé e que, alguns anos depois, seriam derrubados. Àquela hora todos os estabelecimentos comerciais dessa rua já tinham cerrado as portas, exceto as duas lojas na esquina com a travessa da Esperança. Passou pelo antigo ateliê que Almeida Jr. mantivera nessa rua e se lembrou com aversão da pintura feita pelo rival no teto da velha catedral da Sé, cujas linhas entrevia nessa caminhada.

O largo da Sé era ainda pequeno, ocupado pela velha catedral e, junto, em posição perpendicular, a igreja de São Pedro dos Clérigos. Num dente, formado pela lateral da igreja da Sé, onde confina com as ruas Direito e 15 de Novembro, ficavam perfilados, em dois grupos, os tílburis de aluguel.

Combinou com um dos cocheiros que o apanhasse lá pelas quatro da manhã na rua de Santa Thereza, esquina da rua do Carmo, na frente da casa do Amaralzinho. Depois caminhou pela rua 15, iluminada por lampiões a gás e que àquela hora ainda estava apinhada de gente, com bondes circulando. Havia algo irreal no contraste entre o tormento interior por que passava e a identidade dos prédios que continuava a reconhecer no mundo exterior. O centro da cidade estava igual ao que sempre conheceu. Sentiu que seria capaz de enumerar as lojas e as confeitarias que frequentara, sem se equivocar. O tom do local era alegre e festivo. Deslumbrado com o brilho que via, notou que a percepção dessa realidade não se alterara. Mas para ele esse mundo já não era mais seu. Passou pelo *Café Americano*, lançou demoradamente a vista pela vitrine da *Casa Netter* e da *Camisaria Especial*, e examinou, sucessivamente, o interior da *Casa Levy*, vendedora de pianos e instrumentos musicais, o armarinho de *dona Juanita* e a *Pêndula Americana*, de E. Daniels

& Frères. Atravessando a rua para pegar a calçada do lado esquerdo; dividiu com duas moças a visão das estantes da *Aux Nouveautés Parisiennes*, logo depois do *Cosmopolitano*; retrocedeu alguns metros, sem tirar os olhos da loja, pois uma das moças lembrava sua mulher. Entrou e saiu da confeitaria de *Nagel e* pensou em comer um bife na *Sereia Paulistana.*

CONFEITARIA CASTELLÕES
CASA MATHIAS
Castellões
PERFUMARIAS
PAULISTA
CONFEITARIA

Mas, na verdade, não estava com fome e a sua garganta ardia. Pensou em tomar um trago, ou ao menos um café, e apertou o passo para atingir o largo do Rosário. Lá chegando, depois de trocar um dedo de prosa com dois conhecidos, também do interior, entrou, primeiro, no *Castelões,* depois na *Brasserie Paulista.* Acompanhou por alguns minutos a onda expansiva das confeitarias, sem música, mas com uma trilha sonora cheia de vozes, tilintar de copos e risos. Pediu uma bebida, depois outra, e ficou um longo tempo observando o movimento, enquanto flutuavam em sua cabeça as figuras de Maria Laura e do amante. Sentindo o efeito do álcool que ingerira, pediu um café e resolveu comer alguma coisa. No caixa, um homem calvo, franzindo o cenho, examinava a comanda. No fundo, numa mesa também solitária, um senhor se dava ao prazer de um cigarro, enquanto bebericava lentamente. As volutas de fumaça se desfaziam no ar, enquanto o fumante, ao exalá-la, mantinha os olhos semicerrados. Juca mal encostou na refeição. Quando saiu à rua, os grupos já tinham se dispersado e a animação se desvanecera. Eram já onze horas. Retomou sua errância.

Dirigiu-se, primeiro, através da rua São Bento, para os Quatro Cantos. Precisou caminhar rente às paredes dos edifícios, pois as ruas tinham sido esburacadas para a colocação de novos trilhos de ferro para os bondes elétricos que a Light introduziria logo no princípio do ano seguinte. Ao atingir o cruzamento com a rua Direita, abrigou-se sob o toldo do *Café do Chá*, pois a garoa, que fustigava a cidade desde que começara a caminhar, apertara. Os bicos de gás ganharam um halo pontilhista, formado de círculos concêntricos dourados cheios de corpúsculos aquosos, e mal iluminavam a rua. Permaneceu de pé no lugar em que se detivera bem uma meia hora, até que, quando a garoa amainou, se encaminhou para o viaduto do Chá que se alinhava com

a rua Direita. Atravessou duas vezes o viaduto, que passava sobre os restos da chácara do barão de Itapetininga, mergulhada em sombras, andando pela calçada de tabuado, sendo que, da segunda vez, ouviu, serpenteando, um riso de mulher, que vinha abraçada a um senhor. Egressos de alguma festa, passaram por ele e o olharam de soslaio. Depois Juca perambulou por outros pontos do centro, sem atinar ao certo por onde pisava, procurando sempre se conservar em ruas mais iluminadas, pois, embora não houvesse perigo real para os transeuntes, havia poucos postes de luz na cidade e o policiamento era insuficiente. Rodou assim ao léu até as três e pouco da madrugada, quando se dirigiu ao local combinado com o cocheiro para que o apanhasse. Dali

um pouco encostava o tílburi e, quando o pegou, percebeu-se muito cansado, o corpo moído. Tinha cócegas desagradáveis nas palmas da mão e ouvia um zumbido atrás da orelha, como se uma mosca não saísse do seu encalço. Passara a noite a revisar os seus padecimentos. Sentiu-se inapelavelmente sozinho. Pegou-se pensando nos momentos felizes do seu casamento, da noite de núpcias, dos nascimentos dos filhos, e esse recrudescimento do amor, fruto mais da ilusão retrospectiva, se chocava e se estilhaçava contra a realidade atual, como um pássaro que bate violentamente contra uma janela de vidro. Sua vida se desfigurava no redemoinho da frustração e do ódio dentro do qual se debatia. Afastou com raiva essa intromissão do passado, com seus detalhes de cor e sua peculiar temperatura afetiva, e, à medida que andava na cidade vazia, mapeava os passos de sua futura vingança. Foi um trabalho de ourives que consumiu a noite inteira do dia 11 para o dia 12. Às cinco da manhã, quando pegou o trem com a mala que Severino lhe entregou, já tinha um plano bem lapidado.

- 4 -

Antes de embarcar, Juca enviou da Luz dois telegramas, um para sua mulher, que se achava na fazenda Boa Esperança, e outro para o seu cunhado, o doutor Octavio do Amaral: o primeiro, convocando-a a se juntar a ele, no dia 13, em Piracicaba, no Hotel Central, com todos os filhos, pois esta lhe escrevera que se sentia incomodada na fazenda, receando que a vinda do filho Renato pudesse trazer o contágio da peste bubônica ao cunhado; o segundo, ao cunhado, para que lhe pudesse exibir as cartas que encontrara e lhe comunicar a intenção do divórcio.

No caminho, deteve-se primeiramente em Jundiaí a fim de pegar sua filha Zilda, que era aluna interna no colégio daquela cidade, rumando, ato contínuo, para Piracicaba. Depois de se registrar no Hotel Central, que se localizava no largo da Matriz, e de fazer uma rápida refeição com a filha no próprio hotel, recolheu-se cedo, pois estava muito cansado. Não tinha certeza de que a sua família chegaria na cidade realmente no dia aprazado, pois o telegrama que enviara ao sair de São Paulo nessa manhã talvez não fosse entregue nesse mesmo dia, visto que, pelo que sabia, não havia portador diário da estação de João Alfredo para a fazenda Boa Esperança. Mesmo assim, na manhã seguinte, depois de fazer um pouco de hora rodando pelo largo do Teatro, procurou o doutor Francisco Morato, futuro lente da Faculdade de Direito do Largo São Francisco, com o qual, no entanto, não conseguiu falar.

Dirigiu-se, então, à rua Santo Antônio, n. 6, residência – hoje Museu - do doutor Prudente de Morais, primeiro presidente civil do País, que reabrira a sua banca na cidade com o genro João Domingues de Sampaio. Prudente de Morais era natural de Itu e Juca o conhecia satisfatoriamente, se bem que não desfrutasse de intimidade, visto que as suas respectivas famílias mantinham relações de amizade cerimoniosa.

Prudente nasceu em 4 de outubro de 1841 numa fazenda próxima a Itu, filho de José Marcelino de Barros, que três anos depois seria assassinado por um escravo, deixando-o órfão desde tenra idade.. Eleito presidente da República a 1º de março de 1894, para o segundo quatriênio constitucional, sucedendo ao quatriênio iniciado pelo marechal Deodoro da Fonseca e terminado pelo marechal Floriano Peixoto. Herdava um governo num período de grande agitação e instabilidade no País. A 5 de novembro de 1897, ao retirar-se do cais do Arsenal de Guerra, no Rio de Janeiro, onde fora receber as tropas que retornavam vitoriosas do arraial de Canudos, sofreu um atentado por um anspeçada nortista que rompeu o círculo da comitiva com uma garrucha em punho, fazendo menção de alvejá-lo. A arma não detonou, mas o ministro da Guerra, o marechal Carlos Machado de Bittencourt, que se interpusera entre o presidente e o assassino, sucumbiria com golpes do punhal a que o assassino recorrera, abatendo-se pesadamente na calçada. Gravemente ferido foi também o coronel Luiz Mendes de Morais, chefe da Casa Militar do Presidente, que acorrera em defesa do Presidente. O atentando repercutiu fundo na consciência nacional e Prudente acompanhou, junto ao esquife e no meio de uma multidão, o enterro do marechal. Um ano depois, em 19 de novembro de 1898, entregue o governo ao seu sucessor, Campos Sales, Prudente de Morais deixou o Rio de Janeiro rumo à Piracicaba, onde retornaria ao seu escritório de advocacia. Voltava como o estadista que pacificara o País. Tinha uma figura austera, com sua ponta de tristeza. Uma enorme massa popular o acompanhou à estação da Central do Brasil para uma viagem de trem para São Paulo. Na capital paulista, foi aclamado por uma multidão que se acotovelava na Estação do Norte, passando pela Avenida Rangel Pestana, no largo do Palácio (atual Pátio do Colégio), e no trajeto percorrido pelas ruas Anchieta, 15 de Novembro (local da foto), Largo do Rosário (atual Praça Antônio Prado) rua

São Bento até alcançar o Hotel França, na rua Direita. No dia 23 dirigiu-se à Estação da Luz, para o retorno à Piracicaba. Toda essa experiência, de órfão a alvo de um atentado, o habilitava a enfrentar a tragédia em que se envolveria o novo cliente, tio Juquinha. No escritório, Prudente se associou ao genro, João Domingues Sampaio, natural de Rio Claro, então com 22 anos, casado com a filha Carlota de Moraes Barros.

Tocou a campainha e esperou alguns segundos, olhando a própria sombra no vidro esmerilado da porta. Uma empregada o fez entrar na casa e o conduziu por uma longa varanda, largando-o num escritório amplo, repleto de móveis escuros e pesados, com uma mesa lotada de revistas e processos, cercada de quatro armários grandes, dois dos quais com portas de vidro, cheios de livros. Atrás da mesa, havia uma cadeira de espaldar alto, com franjas, contra quadros com diplomas e fotografias, e, na frente da mesa, duas poltronas de couro, numa das quais se sentou. Enquanto aguardava a vinda do advogado, ensaiou as palavras com as quais pretendia expor o caso, que não poderiam ser nem descontroladas, que o expusessem ao ridículo, nem inexpressivas, a ponto de ocultar a sua emoção e a sua indignação.

Quando o presidente entrou na sala, com um pedido simpático de desculpa pelo atraso de minutos, Juca lembrou-se da tela, corpo inteiro, que Almeida Júnior fizera do ilustre personagem, com base em fotografia, focalizando, em fresta, a fachada do antigo palácio do governo do Estado, no velho Pátio do Colégio, ao lado de figuras diáfanas, de natureza espelhada, na vidraça escancarada no fundo da tela. Os cabelos do seu interlocutor, no entanto, ainda que abundantes, estavam bem mais grisalhos, a barba totalmente branca, e a fisionomia exibia traços de uma velhice prematura que não aparecia no quadro mas que exibia o vigor físico e moral do retratado de vários anos atrás (Prudente de Morais faleceria em 1902, aos sessenta e dois anos incompletos, de tuberculose). Relatou os fatos e mostrou as cartas que trouxera da casa de Almeida Júnior. Prudente de Morais ouviu tudo em silêncio, depois sintetizou a situação com a objetividade com que um legista descreveria as lesões observadas num cadáver: "As cartas eram provas suficientes das relações ilícitas mantidas por sua mulher e que legitimavam o pedido de divórcio perpétuo *ad thorum et habitationem*, ou seja, sem rompimento do vínculo matrimonial. Não era preciso a manifestação da esposa na petição, mas aconselhou Juca que seria conveniente ouvi-la, para promover uma separação amistosa (Juca interrompeu para informar que já a havia convocado, com os filhos, para reunirem-se em Piracicaba). Dado o teor das cartas, ele não tinha dúvida que, se Juca insistisse, poderia continuar na guarda dos filhos menores, mas poderiam encontrar uma solução diferente, por consenso. Como eram casados em comunhão universal de bens, caberia também pensar na partilha". Nessa altura, pediu licença para mostrar ao cliente o texto da lei então em vigor, ou seja, o decreto republicano 181, de 1890, abrindo, a seguir, o *Direito de Família* do Conselheiro Lafayette, lendo vários trechos sobre a matéria. Por fim, pediu a Juca que providenciasse uma certidão do casamento para instruir a petição, solicitando que passasse à tarde no escritório para assinar uma procuração. Depois de formular algumas frases protocolares como "Lamento muito" e "Mantenha a serenidade nessa quadra difícil", o advogado lhe estendeu a mão apática, que Juca aceitou sem pensar, como que narcotizado, e voltou a agitá-la no ar, em sinal de despedida. Deu meia-volta e, a caminho da porta, deteve-se, virou novamente e fitou o advogado, que levantou para ele uns olhos surpresos. "Não combinamos os honorários", disse. O doutor Prudente sorriu, fez um gesto magnânimo, como se o assunto não comportasse esses detalhes, e, em voz baixa, retrucou algo como "Não se preocupe, sobre isso; falaremos depois". Tinha os olhos castanhos tão claros que pareciam transparentes, as maçãs do rosto, muito vermelhas, nariz adunco e o pomo-de-adão mais proeminente que jamais vira. Juca saiu satisfeito da entrevista, pois o advogado tratara a questão de maneira neutra, abstendo-se de fazer qualquer comentário que o constrangesse. Dali Juca seguiu incontinenti para a estação a fim de passar um telegrama a Antônio Leme do Prado, residente em Indaiatuba - Juca era de Indaiatuba - a fim de lhe pedir que requeresse cópia de sua certidão de casamento.

De volta à cidade, encontrou-se, às duas e meia da tarde, mais ou menos, com Alonso de Carvalho, também lavrador em Itu, na rua do Comércio (com quem, aliás, já estivera pela manhã na loja do Sol), que o convidou para tomar um café em casa. Ao passarem ao largo do Hotel Central, porém, resolveram entrar, pois Juca, que não fizera o desjejum, desejava tomar um café e comer alguma coisa, e ali ficaram, na sala de jantar, a conversar juntamente com João Baptista de Castro, dono do hotel. O assunto era o aperto financeiro do fazendeiro. Em nenhum momento transpareceu o magma incandescente que ardia no interior de Juca e que viria à tona logo mais, como um vulcão em erupção. Só depois, numa leitura retrospectiva, é que se notaria a franqueza incomum com que Juquinha, de natural tão discreto, falara nessa ocasião de seus problemas na fazenda. Tudo era pouco habitual à sua cartilha tonal. Na conversa que mantiveram, Juca parecia distante, com a lucidez um pouco sobrenatural daqueles que, depois de uma noite em claro, saem à rua e percebem luzes e formas com uma nitidez quase dolorosa. Respirava com uma intensidade insólita, longamente, com sibilações tênues, como se os pulmões nunca conseguissem encher de ar. Comentava o seu infortúnio na condução do sítio como se dissesse respeito a outra pessoa, talvez para matizar o panorama sombrio que estava dando aos seus interlocutores, lançando freqüentemente suspiros de saturação. Nessa altura, ouviu-se o rodar de um carro que parava à porta do hotel. Segundo uma das testemunhas, Silvério Francisco Ferreira, copeiro do hotel e natural de Itu, viu o vulto de uma senhora aparecer na entrada do prédio, e que sabia ser a irmã de Juca, perguntando: "José está aí?" Ao responder afirmativamente, notou que a senhora já adentrava a sala de jantar do hotel, entregando ao copeiro uma mala, e interpelava, sorrindo, o irmão, que se levantava para saudá-la: "Então, seu patife, por que não foi à estação?" Era sua irmã Anna Brandina, acompanhada das crianças e da esposa, que se adiantou para beijá-lo. Dando-lhe as costas, depois de abraçar rapidamente a irmã, Juca precipitou-se pelo corredor do hotel em direção da porta de entrada. Ali se encontrava Almeida Júnior, que já se preparava para penetrar no estabelecimento, depois de pagar ao cocheiro que os trouxera em seu veículo da Estrada de Ferro Ituana. Descendo a escada aos saltos e empurrando a porta de vidro existente no corredor de entrada, Juca levou a mão à cava do colete para sacar o punhal e enfurecido se atirou sobre o pintor, que se achava próximo ao batente da porta de entrada. Passando-lhe o braço esquerdo pelas costas, imobilizou-o, enquanto levava a mão direita com o punhal para a região supra-clavicular esquerda de Almeida Júnior. Jogando todo o seu peso contra o rival, Juca derrubou-o na calçada, mantendo-o subjugado entre as pernas, enquanto afundava a lâmina, de cima para baixo, em busca da carótida. Rodou, então, a arma, que se partiu no cabo, e sentiu rasgarem-se os tecidos entre a traquéia e a faringe, lesando os vasos grossos da região. Um visco quente escorreu-lhe pelo pulso, em golfadas de ritmo tranqüilo, empapando também a camisa do ferido. A milímetros de seu rosto, era com prazer selvagem que Juca via o pavor estampado nos olhos arregalados do primo e acompanhava as alterações nervosas do seu semblante pelos esforços desesperados que fazia para se desprender. Juca pensou ouvir os ruídos de suas próprias mandíbulas e sentiu aflorar uma espuma na comissura da boca. Lembrou-se então da frase que planejara dizer na ocasião e gritou: "tu miserável, me roubaste a honra, mas não me roubaste a vida". A voz lhe saiu muito baixa e lhe soou frouxa, como se envergonhasse da frase extravagante, mas a repetiu, desta vez aos berros, para que todos a ouvissem e gravassem. Permaneceu algum tempo em cima da vítima, com a mão grudada como ventosa no cabo da faca, mantendo, de um lado, Almeida Júnior paralisado e, de outro, resistindo aos esforços desenvolvidos por duas pessoas (que ele sabia serem sua irmã e sua mulher), que, aos gritos de "O que é isso, Juquinha", procuravam arrancá-lo da posição em que se encontrava. Até que, por fim, estas, ajudadas por Alonso de Carvalho, que o agarrou pelas costas, conseguiram alçá-lo e o conduziram para dentro do hotel. Na rua, Almeida Júnior, que se levantara e sacara também um punhal, ensaiou um passo, vergou os joelhos e desfaleceu no lajeado da calçada. Uma senhora, que passava na rua de carro, e que a tudo assistira, lançava também gritos apavorados, o que fez afluir um numeroso grupo de pessoas ao local.

O ato fora tão rápido que ninguém presenciara o golpe fatal, a não ser o copeiro, que, aterrorizado, regressou correndo para o interior do hotel a fim de avisar o patrão. Os depoimentos que constam do processo registram os fatos imediatamente posteriores, mas é interessante reproduzi-los numa síntese apertada, pois, somados, parecem uma câmara em *travelling* filmando a cena de vários ângulos. Antônio Alfredo Coelho, de vinte e oito anos, lavrador, que se encontrava no jardim público defronte do hotel, disse que acorreu ao local quando ouviu os gritos e viu, junto à porta de entrada, a vítima cambaleante sendo amparada por uma senhora, prestando-se a substituí-la, no que foi ajudada por Antônio de Mello Contrim, um curioso que acorreu ao local. Francisco José Rodrigues, negociante, natural de Portugal, esclareceu que estava no interior de sua loja quando, ao ouvir a gritaria, procurou verificar o que se passava na esquina do Hotel Central, quando se deparou com um homem ferido, com uma faca na mão, esforçando-se para entrar no hotel, ao que se lhe opunha uma senhora loura e de pouca altura (Maria Laura tinha 28 anos de idade e era miúda) que o amparava. Felinto de Matos Brito, de dezoito anos, afirmou que, ao passar pela rua Direita, ouviu a algazarra que partia da porta do hotel, onde divisou um homem com uma faca na mão, tentando dar um passo em dirçção de um grupo de três pessoas sem o conseguir, flexionando os joelhos e escorregando para o chão, sendo apoiado por Antônio Alfredo Coelho. Maria Laura confirmou que tentou, auxiliada por sua cunhada, separar o marido da briga, retirando o punhal que estava cravado no pescoço da vítima, arremessando-o à distância e solicitando socorro às pessoas que ali se aglomeravam. Antonio de Mello Cotrim, que atravessava o largo da Matriz, em frente da casa de Francisco Midaglia (alfaiate de Prudente de Moraes), ouviu os gritos de socorro que partiam da porta do hotel, onde viu um homem ensangüentado com um punhal na mão. Pegando-o pelo braço, retirou-lhe a arma, quando a vítima caiu desfalecida na rua. João Baptista de Castro, dono do hotel, que estivera a conversar com Juquinha, juntamente com Alonso de Carvalho, não presenciou a cena. Com a chegada da família do seu hóspede, dirigiu-se para o quarto para vestir um paletó, visto achar-se em manga de camisas, e só se encaminhou para o local quando ouviu os gritos da senhora e das crianças, deparando com Juca, encostado na grade da escada, com o paletó sujo de sangue, e, Almeida Júnior, do lado de fora do hotel, escorado por duas pessoas. Nessa ocasião, tratou de conduzir a esposa de Juca para a sala de visita do hotel, onde se achavam a irmã e os filhos menores. Alonso de Carvalho também não presenciou o crime, pois se conservou no interior do hotel com a chegada da família de Juca. Quando ouviu os gritos da porta de entrada, tentou correr para o local, sem conseguir fazê-lo com a necessária prontidão, pois os filhos menores se achavam no corredor, do lado de dentro da porta de vidro ali existente, que se havia fechado, observando que as crianças, com os olhos pregados na vidraça, tentavam abri-la para sair. Virou a maçaneta, passou pela fresta, e tornou a fechar a porta, mantendo as crianças do lado de dentro, quando, ao se virar, foi abalroado por José Leme do Prado e outros que procuravam conduzir Juca para o interior do estabelecimento, visualizando, no lado de fora, a silhueta de Almeida Júnior caído na rua. João Baptista de Castro, o proprietário do hotel, gritou para que o isolassem na sala de jantar, enquanto acompanhava Maria Laura para a sala de visita, onde já se achavam a irmã e os filhos menores, demorando-se ali em companhia do doutor Joaquim da Silveira Mello, Theodomiro e Erasmo Ribeiro, acomodando a família.

Em quase todos os depoimentos, as testemunhas fizeram referência à frase berrada por Juca, tendo por todos sido ressaltado que se tratava de uma questão de honra de família. Algumas testemunhas, como o comerciante Francisco José Rodrigues e Antônio de Mello Contrim, declararam ter ouvido a vítima dispensar o socorro médico suplicado por uma das pessoas presentes, porque sabia que estava morrendo, dizendo: "Estou morto", completando com a invectiva "Que homem ingrato!". Contou Antônio Alfredo Coelho que, tendo Almeida Júnior desfalecido, ele e mais duas pessoas seguraram o moribundo pelas pernas e braços e quiseram recolhê-lo no interior do hotel, mas foram impedidos, na primeira vez, por Juca e, depois, pelo dono do hotel, razão pela qual o depositaram, com cuidado, na calçada. Alonso de Carvalho declarou em seu depoimento que ouvira Juca lhe dizer "Matei o desgraçado", e Felinto de Matos Brito, que ouvira Juquinha gritar que "não queria mais vê-lo" e ordenar que deixassem o pintor morrer na rua, pois "era um ordinário a menos na sociedade". A vítima logo expirou, ficando o cadáver sobre a calçada em frente ao hotel, cercado por curiosos, exposto um longo tempo ao sol inclemente que, como um dobrão de ouro, rolava lentamente sobre os telhados dos casarões da cidade, até que a polícia autorizou a remoção do corpo ao necrotério da Santa Casa de Misericórdia, onde seria realizado o auto de corpo de delito. Ali permaneceria até oito horas da noite, quando foi transportado para a redação d' *O Popular* e ali permaneceu em câmara ardente, sendo velado durante a noite. O enterro efetuou-se no dia seguinte, pela manhã.

Recolhido à sala de jantar, Juca falava, excitadíssimo, com Alonso de Carvalho, jactando-se do ato tresloucado, quando Antônio Alfredo Coelho e Antônio de Oliveira Góes, oficial de Justiça, deram-lhe voz de prisão, que se tornaria efetiva, logo depois, com o comparecimento do delegado de polícia. A fim de evitar qualquer alegação futura de resistência à prisão, Juca respondeu que não fugiria e que se dava por preso. Depois, sentou-se numa cadeira e murchou, caindo num silêncio abissal, indiferente às pessoas que o rodeavam. Felinto de Matos Brito assim o viu do corredor do hotel, de longe, abraçado a uma menina. Na verdade, sentia-se um trapo. Um cansaço imenso o dominava. Não era uma questão de sono nervoso. Tampouco tinha a ver com o fato de se ver aliviado por ter, por fim, cumprido a missão pavorosa a que dedicara tantas horas de torturado planejamento. Era uma fadiga imensa que resultava do punhado de anos dedicado a vencer os obstáculos que, diariamente, se opunham ao seu esforço para construir um patrimônio que lhe permitisse oferecer à mulher e aos filhos dias melhores. Eis que agora constatava que, não apenas o sonho que alimentara se frustrara, como o esforço que despendera para materializá-lo fora, desde sempre, inútil. Todo o seu empenho ficou, de repente, para trás, fazendo parte de um passado que essa reviravolta sinistra sepultara para sempre. Tinha a impressão de que, tendo sofrido um processo de metempsicose, transportava-se para uma nova vida, sem qualquer ligação com a anterior. O esvaziamento do sentido de todos os esforços que orientavam os rumos de sua existência pregressa o conduzia agora a um estado de opacidade, sem qualquer sinalização. Em algum lugar de sua cabeça, latejava uma pressão incessante, como se um botão, que liberava um eco de uma dor, se mantivesse permanentemente premido. Na sala de jantar do hotel, no meio das pessoas, a sua figura muda e cabisbaixa, com largos momentos de imobilidade (não respondeu ao gesto do copeiro que lhe ofereceu um café), era a própria imagem da desolação. O assassinato acabara também de eviscerá-lo, virando-o ao avesso. Ainda sentia nas pernas um tremor, morna seqüela do paroxismo a que havia chegado minutos antes. Vivia, agora, numa espécie de grau zero e tudo resultasse intoleravelmente frívolo. Quando o delegado de polícia, o doutor João Xavier da Silveira, chegou ao hotel e tornou efetiva a prisão, acompanhou-o à cadeia, sem arriscar uma palavra ou ensaiar um gesto. Foram de carro junto com Antonio de Oliveira Góes e de Antônio Alfredo Coelho. As demais testemunhas seguiram a pé.

- 5 -

Na delegacia, foi lavrado o auto de prisão em flagrante pelo escrivão José Teixeira da Silva, sendo Juca, a seguir, recolhido à cadeia da cidade. Às quatro da tarde, foi redigido o auto de corpo de delito, pelo mesmo escrivão e na presença dos peritos, doutores Torquato da Silva Leitão e João Baptista da Silveira Mello, que examinaram o cadáver e responderam aos quesitos formulados pelo delegado. No dia seguinte, em 14 de novembro, procedeu-se ao interrogatório do detento. Nessa ocasião, Juca, reabastecendo-se de energia de uma fonte que parecia esgotada, fez um relato linear de sua viagem a São Paulo, da descoberta das cartas comprometedoras, da sua vinda à Piracicaba para tratar da questão do divórcio, do encontro inesperado com Almeida Júnior e do assassinato, "impelido pelo estado nervoso em que se achava". Fez ainda referência à frase que caracterizava o crime como questão de honra. Expulsa das coordenadas do momento e do lugar em que se passou, a cena do crime desidratara-se, perdendo vitalidade como uma fotografia velha, amarelada pelo tempo. Era um fato que já não lhe dizia respeito. Na mesma data, foram prestados na Delegacia de Polícia os depoimentos de nove testemunhas, inclusive da mulher e da irmã de Juquinha. No dia 17 de novembro, o delegado fez o seu relatório e o encaminhou ao promotor público, por intermédio do juiz de direito da Comarca. No dia 25 de novembro, o promotor ofereceu a denúncia, requerendo se instaurasse o competente sumário de culpa e se inquirisse as testemunhas, promovendo-se o interrogatório do réu. As testemunhas foram ouvidas de 5 a 11 de dezembro e a oitiva do réu se deu em 15 de dezembro, sempre na presença do doutor Rafael Marques Cantinho, juiz de direito, e do doutor Cherubim Ferraz de Andrade, promotor público. Também presente o advogado do réu, o doutor João Domingues Sampaio. Em 18 de dezembro foi proferida a sentença de pronúncia, sendo o nome do réu lançado no rol dos culpados. Em 29 de dezembro, foi apresentado o libelo pelo promotor contra Juquinha, afirmando que o réu cometera o crime com premeditação, visto que tinham decorrido entre a deliberação criminosa e a execução mais de vinte e quatro horas, valendo-se de sua superioridade física e agindo de surpresa, sem dar oportunidade à vítima de se defender.

Em 20 de fevereiro de 1900, instalou-se o júri de sentença na sala de sessões do fórum de Piracicaba. Às onze horas, com as portas abertas, o oficial de justiça Antônio Francisco Teixeira, servindo de porteiro, tocou a campainha. Em plenário, procedeu-se, primeiramente, ao sorteio dos juízes de fato. O juiz de direito abriu a urna com quarenta e oito cédulas, com os nomes dos jurados, e as retirou, contando-as uma a uma. A seguir, recolheu--as novamente à urna e a fechou. Isto feito, o escrivão fez a chamada dos jurados sorteados, constatando estarem presentes trinta e nove deles. Declarando aberta a sessão, passou então o juiz a verificar as faltas e as escusas apresentadas pelos que tinham deixado de responder ao chamado, anunciando as multas que impusera aos ausentes. Ato contínuo apresentou o processo a ser submetido ao julgamento. O escrivão fez a chamada das partes e das testemunhas. Dados os pregões pelo porteiro, veio à presença do tribunal o réu, acompanhado, desta vez, pelo advogado Francisco A. de Almeida Morato, sendo as testemunhas recolhidas a uma sala de onde não poderiam ouvir os debates nem os depoimentos. Em seguida, procedeu-se ao sorteio dos doze jurados que iriam formar o conselho de sentença; à medida que o juiz extraía as cédulas da urna, iam eles, depois de aprovados, tomando os seus lugares separados do público. Durante o sorteio algumas pessoas foram recusadas pela defesa ou pela acusação. Concluído o sorteio, levantaram-se o juiz, os jurados e mais circunstantes, sendo, a seguir, assinado o termo de juramento dos doze juízes de fato, o qual foi lido, em alta voz, por um deles, na condição de presidente interino do júri de sentença, estendendo a mão direita sobre o evangelho: "Juro pronunciar-me bem e sinceramente nesta causa, haver-me com franqueza e verdade, só tendo diante dos olhos Deus e a Lei e proferir o meu voto segundo a minha consciência". Os demais jurados, também com a mão direita no evangelho, repetiram, cada um por sua vez, a mesma frase: "Assim o juro". Deferido o juramento dos doze juízes de fato e achando-se o réu "livre de ferros e sem coação", passou o juiz a interrogá-lo. Juca praticamente repetiu o que disse no seu depoimento. A sala do fórum, para os padrões do interior, era espaçosa e revestida com lambris escuros nas paredes até a altura de um homem de estatura mediana. A mesa adornada com o símbolo da justiça lavrada na parte frontal era presidida pelo juiz de direito, sentado num patamar mais elevado. Ao lado, acomodaram-se o promotor público e o escrivão. No lado esquerdo, atrás de uma balaustrada com colunas fusiformes, sentaram-se os membros do júri. À direita, havia uma tribuna, também em madeira de lei trabalhada. O juiz, o promotor e os advogados portavam toga negra com colarinho de arminho. Juca, ladeado por dois guardas fardados, olhava fixamente, entre curioso e intimidado, para essa imitação meio grotesca do cenário suntuoso armado alhures para o exercício do júri popular. Uma pequena platéia se acotovelava nos fundos da sala. Findo o interrogatório, o juiz de direito resumiu a matéria em debate, esclarecendo as questões de fato propostas ao júri de sentença, lendo-as em voz alta e as entregando, juntamente com os autos do processo, ao presidente interino desta. Os jurados entraram na sala secreta das conferências, à esquerda do salão; à porta se postaram dois oficiais de justiça, a fim de impedir qualquer tipo de comunicação. Recolhidos à sala secreta, os membros do júri elegeriam, por escrutínio secreto e por maioria absoluta de votos, os senhores Manoel de Moraes Barros, para presidente, e João Egídio Rodrigues, para secretário. Sendo a comarca relativamente pequena, Juquinha conhecia praticamente a todos, ao menos de vista. Manoel de Moraes Barros, por exemplo, era o irmão mais velho do presidente Prudente de Moraes e fazendeiro em Itu. Nesse intervalo, Juca teve tempo para examinar as pessoas presentes. Confundido pelas refrações da luz que saltavam do vidro colorido das bandeiras das portas laterais, sentiu certa dificuldade em focalizar o juiz, até que visualizou, por fim, a sua figura esguia: era um homem de meia idade, rosto bronzeado, com as sobrancelhas desgrenhadas e o bigode tingido de nicotina. Daí passou para o promotor, que era um moço esbelto, com racimos de rugas nos olhos e estrias nas asas do nariz, que conversava sem parar com o escrivão, um mulato com feição inquieta e sorridente, como a de um títere manobrado, de longe, por fios. Esparramados no fundo da sala estavam os curiosos. Reconheceu alguns conhecidos. Um casal em conversa animada, banhado por uma luz sanguinolenta filtrada da janela, lhe chamou a atenção. A mulher era grande, masculina, de gestos lentos e pesados; o homem era gordo e miúdo. Quando se sentiram descobertos, emudeceram de repente, virando-se para Juquinha que, sem pensar, descartou a mulher e cravou os olhos na cara do homem, pois o conhecia de algum lugar, mas não sabia identificar. Estava perdido nessas divagações quando ouviu soarem três toques na porta batidos por alguém com as mãos cerradas do lado interno da sala secreta; esta foi, então, aberta por ordem do juiz, que determinou a volta dos jurados à sala pública.

Entraram em fila indiana e procuraram os seus assentos. Nessa ocasião, o presidente do conselho se adiantou e leu, em voz alta, as seis questões formuladas pelo juiz e as respostas dadas por escrito pelos membros do júri. Em suma, por unanimidade, os membros do conselho de sentença afirmaram que o réu matara no dia 13 de novembro de 1899 a José Ferraz de Almeida Júnior, não cometendo, porém, o crime com premeditação, nem se valendo de superioridade de forças ou do elemento surpresa, posto que motivos havia para que a vítima já se prevenisse contra a ação do réu. Ademais, o júri reconhecia que Juca se achava em estado de completa privação de sentidos e de inteligência no momento em que cometera o crime. Diante disso o juiz escreveu a sua sentença e a leu em alta voz: “De conformidade com as decisões do júri, absolvo o réu José de Almeida Sampaio da acusação que lhe foi intentada, mando que se lhe dê baixa na culpa, e que em seu favor se passe alvará a fim de ser solto, se por al não estiver preso. Custas por conta da municipalidade". Não foi interposto qualquer recurso por parte da acusação. A sentença, assinada pelo doutor Raphael Marques Cantinho, vem datada de 20 de fevereiro de 1900. Juquinha ficara, portanto, encarcerado noventa e sete dias e agora estava em liberdade. O doutor Francisco Morato se adiantou e o cumprimentou; Juca agradeceu e com ele saiu da sala de sessões do fórum. Não havia, porém, em seu semblante nenhum sinal de regozijo; parecia indiferente a tudo. Acompanhado de parentes, deixou o prédio e foi pegar, a poucos metros do local do crime, a condução que o levaria para a estação de trem. Estava silencioso e circunspeto quando cruzou, com a comitiva que o acompanhava, o jardim da cidade. O mundo brilhava como um objeto novo em folha.

- 6 -

1899 é curiosamente o ano de *Dom Casmurro* que, impresso em Paris, era anunciado pela Garnier para ser oferecido ao público em janeiro de 1900, mas que só seria distribuído na segunda semana de março, por coincidência quando Juquinha foi liberado do crime que cometera. É o livro de Capitu, embora o seu perfil apareça aos olhos do leitor coado e transfigurado pelo ângulo visual retrospectivo do ciumento Bento Santiago. Li o livro ainda menino no porão da casa de meu avô, na rua Major Prado, no Jaú, e, à medida que o lia, automaticamente o mesclava à estória de tio Juquinha que, embora mantida em segredo na família, eu já conhecia. O sofá de vime da casa de meu avô, onde eu lia o livro, materialmente não existe mais, e o casarão foi demolido, mas para mim o sofá e o casarão permanecem, para sempre, encartados entre as páginas do *Dom Casmurro,* no capítulo que registra o regresso de Ezequiel, como uma velha fotografia ali esquecida. Para dar um remate final a esse amálgama dc memória, verdade e ficção, resta observar que Renato, o filho de tio Juquinha que passeia quase anônimo neste início do relato, viria a casar-se com a sua prima Gertrudes Paes de Barros, filha de minha bisavó Chiquinha, irmã de Juquinha. Pois onde esta minha tia queridíssima, se não entre primos, poderia encontrar melhor pretendente?

José de Almeida Sampaio era o irmão mais moço de minha bisavó materna, Francisca Eugênia Sampaio Góes Taques Paes de Barros. A figura de Almeida Júnior era execrada na família. Meu sogro, cuja mãe - tia Luizinha de Almeida Sampaio Lara - também era irmã de tio Juquinha, recusou-se a comprar algumas telas do pintor que lhe foram oferecidas por uma bagatela, por lealdade ao tio ultrajado.

Capítulo II

A EXPIAÇÃO

E agora, José?

José, e agora?

C.D.A.

- 1 -

O julgamento atuou em Juca como catarse, liberando-o das ansiedades que antes o assaltavam. Era como se, depois de se submeter a uma cerimônia de purgação, tivesse atingido um patamar espiritual acima de todas as paixões. Sentia-se num estado de absoluta serenidade, não distinguindo as situações boas das más. Tudo era aceitável. Depois de se compor com os pequenos fornecedores, entregou o sítio de Bom Jesus do Rio das Pedras aos credores hipotecários sem oferecer a menor resistência. Compareceu ao cartório, enfrentou o olhar atrevido dos funcionários, ouviu a leitura da escritura de adjudicação e a assinou como que aliviado. Os acertos com os demais credores da fazenda se desenvolveram em reuniões que pareciam até atos de de confraternização, não fora a impertinência de alguns mais afoitos que logo souberam refrear os seus impulsos ante um esgar de impaciência ou um olhar firme de Juquinha. Afinal, estavam se compondo com alguém que já revelara ter o pavio curto. Fortalecia-se, assim, a sua reputação de homem violento (ele, que até então sempre se destacara pela amabilidade), mas que lhe seria de alguma valia nessa dura fase de vida, pois, na busca de trabalho, chegaria até a comandar, anos mais tarde, o corpo de segurança de uma pequena hidrelétrica municipal, em Pedreira, na vizinhança de Campinas. Inicialmente foi trabalhar para o irmão mais velho na administração da fazenda São Borges, no bairro do Pedregulho, em Itu. Era, afinal, o que sabia fazer: cuidar de café. Nessa primeira etapa, tinha também que equacionar a vida familiar, o que não foi tarefa fácil. Como se compor sem desconforto com Maria Laura? Qual a melhor conduta para com os filhos? Quem ficaria responsável por quem? Amava igualmente a todos, pobres inocentes, mas lhe feria o brio ficar com a guarda de filhos frutos da traição. Escolheu ficar com os dois filhos maiores. Reconduziu a filha Zilda ao colégio Florence, em Jundiaí, confiando Renato à tutela de Totó Sampaio, irmão mais velho, chefe do clã. O coronel Antônio de Almeida Sampaio era dono de 22 fazendas na região e foi presidente do diretório do Partido Republicano Paulista (PRP), desfrutando de grande prestígio no antigo 4º distrito eleitoral. Foi também um dos incorporadores da Companhia Ituana de Força e Luz. Maria Laura, por sua vez, transferiu-se com as crianças menores para Indaiatuba, passando a morar numa casinha ao lado da Matriz, da qual nunca se afastou. Viria a falecer em 1913. No seu criado-mudo foi encontrado um vidro de barbitúrico. Vazio. Juca partiu incontinenti para o trabalho. Já se dividira em anos anteriores entre a administração da Fazenda Pimenta, em Indaiatuba, e do Sítio Grande, em Itu, de propriedade do irmão endinheirado. Foi para Itu de trem ainda de madrugada e de lá para o sítio São Borges de mula; os seus pertences seguiriam de carroça. Na estação, um camarada o aguardava com a montaria encilhada.

Era bem cedo e a luz do dia, que se abria sobre uma paisagem esmaecida, lhe revelava um imenso mar de café, quase sem interrupção, cortado apenas por uma sinuosa estrada de terra corrugada, que aumentava ainda mais o trote do animal. Nenhuma roça à vista; nenhum sinal das sedes das fazendas, já que, normalmente, essas edificações, barradas por uma muralha de cafezais, se escondiam nas baixadas, construídas próximas das aguadas. Ao longe, viam-se gigantescos jacarandás, poupados na implantação dos cafeeiros, e, aqui e ali, ipês amarelos ou roxos, que floresciam nessa época do ano. Por fim, um desvio, à direita, o conduziu a uma estradinha ainda mais estreita, que levava ao sítio. Conhecia bem esse caminho, pois já visitara anteriormente a propriedade. Quando atingiu a porteira, viu a sede, a tulha de madeira, o terreiro de pedra e a fileira das casas da colônia. Havia ainda uma capelazinha. No portão da moradia, de pé, Argemiro, o fiscal, o aguardava, apoiado num pequeno podão. Era ali que iria exilar-se. Depois dos cumprimentos protocolares, foram se sentar no alpendre. A casa estava toda aberta, com janelas e portas escancaradas. Argemiro mandara arejá-la. Ambos entraram. A sala da frente era provida apenas de uma mesa e quatro cadeiras; maior despojamento, impossível. Piso assoalhado e forro bicolor, com pintura descascada, de saia e camisa. A repartição dos demais cômodos da casa era de tabuado. Embora não houvesse ainda acertado quem ficaria para cozinhar para seu Juca, o fiscal pedira a duas pessoas da colônia para varrer a casa, arrumar a cama e prover a cozinha com lenha, panelas e um bule de café. Sentados na varanda, combinaram as providências iniciais para a sua instalação definitiva no sítio. Depois, Argemiro se despediu e partiu para a roça. Ficou combinado que Juca jantaria no fim da tarde na casa do fiscal e voltaria a encontrá-lo no ponto, na manhã seguinte. Quando se viu sozinho, Juca lançou o olhar em torno. Anos de vida solitária em fazendas já o habituara a se distrair com pequenas coisas: galinhas ciscando, um cachorro farejando, um bando de sanhaços pousado no fio farpado. Juca tornara-se um homem silencioso e enigmático; uma obscuridade o envolvia como uma nuvem de incenso. Resolveu caminhar um pouco. Percorreu lentamente, sem destino, os talhões de café ao redor da sede. A certa altura, cruzou com os colonos que, entre as ruas, trabalhavam na capina em animada conversa. Sustaram a algazarra e o cumprimentaram com curiosidade; à medida que Juca se afastava, retomaram a conversa, mas agora sem espontaneidade, com cadência cautelosa. Falavam em dialeto. Depois de um longo passeio, regressou para casa pelos carreadores. À tardinha encaminhou-se, como combinado, para a casa do fiscal, jantou e retornou à sede, carregando o lampião de querosene que lhe fora emprestado. Os sons habituais de uma noite rural ganhavam altos decibéis. O repetido grito de um curiango acompanhava o escurecer.

Foi logo para cama e na manhã seguinte, ao soar do sino, dirigiu-se em direção do ponto, localizado ao lado da casa de Argemiro. Já encontrou os empregados perfilados, aguardando as ordens. Cobriam-se de roupas, chapelões e lenços, deixando expostos apenas as mãos e os rostos. Carregavam as suas enxadas, rastelos, picuás e corotes. Argemiro apresentou Juca, que desta vez acompanharia o povo ao eito, e distribuiu os serviços. Antes de seguir, chamou uma das mulheres, que já havia sido escolhida para permanecer na sede e que ficaria incumbida dos serviços domésticos. Juca a examinou e viu que era pouco mais do que uma menina. Acompanhou a turma ao local do serviço e depois se desprendeu dos demais para vagar ao meio da lavoura. Gostava dessa andança sem rumo para fiscalizar o cafezal; e o fazia num estado de exaltação, que o transportava para fora do mundo sensível, marchando pela propriedade em sintonia com uma única realidade: os pés de café. Nessas peregrinações seu coração às vezes se confrangia com uma falha na rua de café, ou com uma reboleira de folhas cloróticas, que denunciavam a existência de nematóide e recomendavam a erradicação de alguns pés. Quando achou que já tinha uma idéia básica da propriedade, voltou ao local em que a turma de colonos prosseguia na carpa. Embora não fosse homem de muita conversa, Juquinha tentou uma aproximação formal. Viu que quase todos falavam a língua, embora com sotaque carregado. Eram todos colonos italianos, provenientes da região do Vêneto, do norte da península. Ali ficou até a hora do almoço, às nove. De volta a casa, encontrou a mesa arrumada e o café passado. A empregada chamava-se Narcisa e vivia na colônia com a família. Mal refeito do drama que se abatera sobre ele, Juca não poderia prever o novo capítulo, também conturbado e burlesco, que agora lhe seria reservado.

- 2 -

Oficialmente, a imigração italiana no Brasil começou na década de 1870, sendo que os primeiros registros remontam a 1872, data a partir da qual dezenas de famílias de agricultores, provenientes de Trentino e Vêneto embarcaram em vapores que zarpavam do porto de Gênova, deixando o país.

ALLA PROVINCIA DI S. PAOLO
NEL BRASILE.
EMIGRANTI
LEGGETE QUESTI CENNI
Prima di Partire.
S. PAULO
1886.

No Brasil, o movimento abolicionista vinha crescendo e a solução para as plantações de café era a mão de obra de fora. Para suprir essa necessidade e facilitar o caminho para a imigração, o governo brasileiro passou a incentivar a chamada imigração subsidiada, arcando, juntamente com os proprietários de terra, com as despesas relativas à vinda dos estrangeiros. Para atrair os imigrantes italianos o governo paulista efetuou contratos com agências e subagentes (que chegaram a atingir mais de sete mil em 1895), que percorriam a Itália, recrutando os interessados. Em 1866, o Vêneto, que fazia parte do império austríaco, foi incorporado ao reino da Itália, unificado em 1861. A grande leva de imigrantes italianos dessa região para o Brasil encontraria o seu auge na última década do século dezenove, registrando-se, entre 1891 e 1902, a entrada de mais de 770.741 pessoas, segundo os números locais (702.817 na estatística italiana). Famílias inteiras chegavam ao porto de Santos e eram conduzidas diretamente para as fazendas. Em 1887, para acolher o fluxo dos imigrantes que chegavam dos vários países da Europa, fora inaugurada a Hospedaria dos Imigrantes, no bairro do Brás, em São Paulo, com capacidade para acolher cerca de quatro mil pessoas.

Os que chegavam ali permaneciam durante uma semana, e, após a triagem, eram direcionados para as fazendas onde trabalhariam. O que movia a emigração dos vênetos era a busca de terras no Brasil, alimentando o sonho de nelas reproduzir o modo de trabalho familiar que desenvolviam em seu país. Em geral, essas pessoas emigravam a partir de contatos já preestabelecidos com parentes ou conterrâneos, motivo pelo qual em muitas fazendas era freqüente a concentração de várias famílias oriundas da mesma aldeia italiana.

A família de Narcisa, assim como dos outros colonos da fazenda, provinha da província de Rovigo (médio Polesino). Havia desembarcado em Santos em 14 de maio de 1895, depois de uma viagem de mais de trinta dias pelo vapor S. Gottardo, proveniente de Gênova. Segundo os registros constantes do Memorial dos Imigrantes, no livro 048, página 297, deu entrada na hospedaria de São Paulo a família identificada pelo número 60810, composta por Giuseppe Boschetto, com 42 anos, sua mulher Luigia, com 40, e seus quatro filhos, Narcisa, Amadeo, Virginia e Albano, respectivamente, com 13, 8, 4 e 1 ano e meio de idade. Narcisa teria, portanto, em 1900, época deste relato, 18 anos. Possuía grandes olhos azuis, queixo um pouco retraído, nariz ligeiramente adunco e uma face iluminada por um rubor que parecia queimar também nos brônzeos reflexos de seu cabelo ruivo. Os seus traços não eram perfeitos e, nos seus momentos de menor brilho, podiam até nem parecer bonitos, mas quando animados pelo sorriso, sempre presente em sua boca bem desenhada, tornavam-se quase que belos. Isolado da família e dos amigos e humilhado pelo infortúnio, Juca iniciou um desajeitado caso amoroso com a jovem. Isso se deu logo nos primeiros dias de sua estadia no sítio. A atração foi fulminante e o atingiu profundamente, talvez porque ainda se encontrasse muito fragilizado. E nem foi ele propriamente quem tomou a iniciativa, figurando antes como ator passivo no jogo de sedução. Vivendo sozinho na sede, ficou mais ou menos implícito que Argemiro, um dia sim, um dia não, se deslocaria de sua casa para lhe fazer companhia em jantares muito simples, quando Juca passou então a prestar atenção no efeito que causava aos dois os movimentos ondulantes e silenciosos da jovem ao servir a mesa. A moça sempre arriscava um sorriso tímido, mas até certo ponto cúmplice. Era, porém, uma garota; e Juca já se avizinhava dos quarenta. Sentia-se acanhado. É verdade que, quando se casou com Maria Laura, esta era até mais jovem do que Narcisa, pois mal completara 13 anos (ele tinha 23), tanto que, como tinha ficado órfã em pequena, fora necessário um pedido de alvará de licença para o seu casamento. Foi formulado pelo seu avô (pois Maria Laura era órfã), em requerimento assinado a rogo junto ao Juiz de Órfão de Itu, o doutor Frederico Dabney d´Avelar Brotero, aparentado com a família de Juca e de Almeida Júnior. O alvará foi expedido em 5 de setembro de 1884 e registra que Maria Laura exibia "idade e desenvolvimento" para o casamento. Já Narcisa era decididamente uma mulher, se bem que a diferença entre ela e Juca era de mais de vinte anos, a que se somava, ainda, uma diferença de nível social. Mal decorridos, porém, os primeiros dias da presença da moça na sede, Juca percebeu que o envolvimento era irreversível. Um ombro nu ou o vértice dos seios de Narcisa, que apareciam ao acaso, ou irrompiam quando esta se curvava na realização dos serviços domésticos, ou ainda quando a jovem afastava uma mecha de cabelo do rosto com o dorso da mão (atrativos que comumente passariam despercebidos na convivência diária), começaram a perturbá-lo profundamente. Juca entendeu que o doce veneno da paixão estava se distribuindo sorrateiramente em seu sangue e que ele estava ficando enamorado pela moça. Era um sentimento impróprio para sua idade e que, ademais, agravava a desastrada situação em que então se encontrava. O envolvimento, porém, se precipitava e Juca percebia que, decorrido pouco mais do que três ou quatro semanas, já não havia mais tempo para recuar.

Perguntava a si mesmo se poderia acalentar a ilusão de refazer, em outro patamar, a vida que perdera, mediante essa paixão madura. De um lado, estava ciente de que a sua vida sofrera um colapso definitivo com a loucura que cometera, mas, de outro, sentia um suave sopro de esperança de recompô-la. Era o choque entre esses dois sentimentos contrapostos que punha às claras que esse seu envolvimento era ousado, talvez insensato, mas nem por isso menos pungente. Suspeitava que para ele brotava uma nova (talvez a última) oportunidade para o amor. De início foi uma aproximação respeitosa. Logo depois, seguiram-se os primeiros toques físicos, a princípio leves e pretensamente involuntários. Uma feita, estava sentado na varanda, quando a moça olhou para ele e, sorrindo, retirou de sua testa um fio de cabelo invisível, como se estivesse a cumprir, com aquele gesto, a sua função de responsável pelo bem estar do dono da casa. Não foi uma carícia explícita, mas as pontas dos dedos chegaram a tocá-lo ligeiramente a ponto até de excitá-lo. Freqüentemente esbarravam-se no interior da casa, e, quando ele se voltava para contemplá-la, a via imersa em alguma outra atividade periférica, como se nada tivesse acontecido. Num fim de tarde, chegou a surpreendê-la sem blusa, lavando o torso nu, com a porta entreaberta do pequeno quarto em que se alojava. Teria sido proposital? De outra feita, ele estava sentado na sala, quando a moça se inclinou para pegar alguma coisa do chão e aproximou as costas do rosto de Juca. Ele teve o ímpeto de beijá-la ou de roçar com os lábios a curva nua de sua nuca sob os cabelos presos por uma fivela âmbar. Fixou-se em dois voluptuosos riscos brancos, deixados por duas alças simetricamente dispostas em suas espáduas, bronzeadas pelo sol. Narcisa reagia com um lânguido sorriso. Até que um dia, finalmente, tomou coragem, puxou-a contra si e a empurrou contra a parede da sala, de onde não poderiam ser vistos por nenhuma pessoa fora da casa, e encostou o seu corpo contra o dela, com ansiedade sôfrega. Narcisa correspondeu com igual avidez. Encaminharam-se para o quarto. A partir daí não mais esconderam o romance e passaram a viver juntos.

- 3 -

Esses primeiros dias foram de felicidade extrema. Juca reduziu o perímetro de seu exílio aos limites de sua casa. Fazia uma visita diária a Argemiro, e dava uma volta silenciosa em torno do terreiro. Ou no pomar. Confinado novamente em casa, recolhia-se no quarto, com a companheira. Arrebatado pela paixão, Juca explorava, sem limites, o corpo complacente da jovem parceira, que retribuía com igual ardor. O fogo do desejo ardia em seus corpos como um incêndio que se alastrava desordenadamente num campo ressecado. Desde a tragédia, Juquinha se isolara num silêncio taciturno. Agora falava e falava, de maneira incontrolável, sobre a sua vida (pulando o episódio do crime, como de algo obsceno), referindo-se a amigos e parentes, que à ouvinte nada significavam. Ou relatando fatos que ela evidentemente não estava em condição de entender. Na verdade, com essa tagarelice inconseqüente, Juca queria extrair da moça, em contrapartida, informações a respeito do local onde nascera e sobre o seu ambiente familiar. Desejava encontrar um espaço comum que permitisse unir o desconhecido mundo da moça ao seu. Narcisa, contudo, viera muito jovem e não conservava lembranças nítidas do seu país de origem. Falou de Villamarzana e de Villanova del Ghebbo, comunas onde viviam seus avós paternos e maternos, mas delas pouco se lembrava. Ou se lembrava como se fossem lugares de fantasia. Descreveu a cidade de Rovigo, que visitou quatro ou cinco vezes com os pais, mostrando que mais a imaginava do que a descrevia. Não podia transmitir retratos convincentes. Na realidade, vivia na campanha, longe das cidades. Ademais, a vinda para o Brasil aos treze anos comprometera seriamente a sua memória. Falou com mais propriedade dos avós, dos tios e dos primos, que amava mas com os quais somente se conectava mediante as raríssimas cartas que chegavam na fazenda. Mostrou-lhe umas poucas fotografias, já laceradas nas pontas, que trouxera consigo. Explicou com orgulho como se operava o cultivo de tomates e de outros produtos rurais a que a sua família e os vizinhos se dedicavam. Mas foi com a voz embargada que recordou, agora sim com riqueza de pormenores, os dias (a bem da verdade, as noites) em que seus pais, comentando um panfleto estimulando a imigração para o Brasil, decidiram partir, com a família inteira, para esse país longínquo. Em volta da mesa, durante as refeições, discutiram a aventura programada, e, em clima de muita excitação, procuraram o agente de imigração. Poucos dias depois receberam a mensagem, informando como deveriam agir para receber as passagens gratuitas de navio oferecidas pelo governo brasileiro. O primeiro desafio foi chegar ao ponto de embarque. Por um desencontro de informações, chegaram a Gênova bem antes da partida do navio, alojando-se numa hospedaria que lhes custou os olhos da cara. O vapor pertencia à companhia de navegação La Veloce. Enfrentaram uma viagem terrível, por quase um mês, amontoados como passageiros de terceira classe. Somente quando, por fim, chegaram a Santos é que se sentiram mais aliviados. Foram encaminhados à Hospedaria dos Imigrantes, em São Paulo, e, daí, para a fazenda de Itu. Sempre de trem.

LA VELOCE
SOCIETÀ ANONIMA
CON SEDE IN GENOVA
NAVIGAZIONE ITALIANA A VAPORE
VAPORI CELERI POSTALI PER LE AMERICHE
Partenze regolari da NAPOLI
PER New-York
direttamente da NAPOLI
18 NOVEMBRE 1906
Città di Napoli
per RIO-JANEIRO SANTOS E BUENOS-AYRES
direttamente da NAPOLI
22 NOVEMBRE 1906
SOPPRESSA
PER MONTEVIDEO E BUENOS-AYRES
con trasbordo a GENOVA
29 OTTOBRE 1906
BRASILE
Scalo - Barcellona Cadice e Teneriffe (Senza toccare Montevideo)
12 NOVEMBRE 1906
SAVOIA
Scalo: Barcellona, Las Palmas e Montevideo
29 NOVEMBRE 1906
CITTÀ DI MILANO
(DIRETTAMENTE DA NAPOLI)
(Senza toccare Montevideo)
26 NOVEMBRE 1906
ITALIA
Scalo: Barcellona Cadice e Teneriffe (senza toccare Montevideo)
Per l'AMERICA CENTRALE
con trasbordo a GENOVA
29 OTTOBRE 1906
VENEZUELA

Ao fazer esse relato, Narcisa tinha lágrimas nos olhos. Juca se enternecia e a abraçava. Durante todos esses primeiros dias, as longas horas de amor o afastaram totalmente do serviço. Rareavam as suas idas à roça. Mas como abandonar essa inesperada, talvez derradeira chance de ser feliz?

A desgraça, porém, nunca vem sozinha. É uma fera que não larga facilmente a sua presa. A moça não se prevenira e estava em período fértil. Logo engravidou. Já no primeiro mês de convívio, a menstruação não retornou e, no terceiro mês, a gravidez aparecia de maneira indisfarçável. Os seus seios começaram a intumescer e uma pequena protuberância se avolumava na cintura. Sofreu alguns enjôos. Embora apreensivos, não realizavam, de pronto, os problemas com os quais se confrontariam. Para Juca, era até motivo de envaidecimento; e, para Narcisa, havia a maravilhosa alegria da maternidade. Daria à luz um menino no dia 24 de julho de 1901, às 15h00, de parto natural, na própria fazenda São Borges, meses depois de Juca ter sido liberado da prisão. Às fls. 185, do livro A-10, termo 375, do Registro Civil da Comarca das Pessoas Naturais e de Interdições e Tutelas da Comarca de Itu, encontra-se lavrado o assento do nascimento de José Boschetto, filho de Juca e de Narcisa, sendo declarante o pai.

REPÚBLICA FEDERATIVA DO BRASIL
OFICIAL DE REGISTRO CIVIL DAS PESSOAS NATURAIS E DE INTERDIÇÕES E TUTELAS DA SEDE
COMARCA DE ITU - ESTADO DE SÃO PAULO
Rua Dr. José Elias, 121 - Centro - CEP 13300-250 - Fone (11) 4023-7711 - Fone/Fax (11) 4013-1671

JOSÉ FLAVIO COELHO MENDES
RESPONSÁVEL PELO EXPEDIENTE

ALCILAN GOMES DA SILVA
SUBSTITUTO

EDILENE DE C. VECCHIATTO REIS
ESCREVENTE AUTORIZADA

ELISANGELA LOPES OLIVEIRA
ESCREVENTE AUTORIZADA

CARMEN A. DEL RIO GONÇALVES
ESCREVENTE AUTORIZADA

CERTIDÃO DE NASCIMENTO

CERTIFICO que, às fls. 185, do livro A- nº 010, Termo 375, de registro de nascimentos, foi lavrado o assento de: *JOSE BUSCHETTO* *******,

nascido no dia vinte e quatro de julho de mil novecentos e um (24/07/1901), às quinze horas, em a fazenda São Borges no Bairro do Pedregulho, neste distrito, do sexo masculino, filho de: *JOSE DE ALMEIDA SAMPAIO* e de *NARCIZA BOSCHETTO*.
São avós paternos: Vicente de Sampaio Goés e Gertudes de Sampaio Goés.
São avós maternos: Jose Boschetto e Innocencia Boschetto.
Foi declarante o pai.
Registro feito em vinte e oito de julho de mil novecentos e um.
Observações: /////////////////

SERVIÇO REGISTRAL ITU-SP

O referido é verdade e dou fé.
Itu, 28 de junho de 2006.

EDILENE DE CÁSSIA VECCHIATTO REIS
Escrevente Autorizada

OFICIAL	IPESP	ESTADO	RCIVIL	TRIB.JUST.	S.CASA	TOTAL
R$ 17.13	R$ 3.46	R$ 0.46	R$ 0.08	R$ 0.08	R$ 0.02	R$ 19.27

Digitado por: EDILENE DE CASSIA VECCHIATTO REIS
Selos recolhidos pela guia 139/2006

Colégio Notarial do Brasil SP
FIRMA 1
0462AA034828

Reconheço a firma supra de EDILENE DE CASSIA VECCHIATTO REIS e dou fé.
Em testº da verdade.

CARMEN ANGELA DEL RIO GONÇALVES
escrevente autorizada
Válido somente com selo de autenticidade

Oficial Reg. Civil P. N. de Itu/SP
Edilene de Cássia Vecchiatto Reis
Escrevente Autorizada

ESTADO DE SÃO PAULO

1106G-20001-22000-0406

1106G AA 020417

Juca assumia, portanto, a paternidade, se bem que sonegando à criança o seu patronímico, que só adicionaria mais tarde. Quando surgiu a gravidez, ambos previam, por certo, a resistência que teriam que arrostar frente as suas famílias, mas viam na gestação uma comprovação inquestionável do amor que os absolvia. Com o nascimento dessa criança contavam, de maneira ingênua, poder barganhar, obtendo a aceitação de todos. Não calcularam, no entanto, adequadamente, o grau de intensidade da reação. Logo que se patenteou que Narcisa estava embaraçada, chegaram mensagens dos parentes de Juca contra a união, que se agravava com a perspectiva de um filho. A sua irmã Nhandina (Ana Brandina) serviu-se de mensageira, e foi ao sítio, mais de uma vez, como emissária dos demais irmãos. Segundo alegavam, a ligação comprometia o nome da família, impondo-se o imediato rompimento, com o retorno de Narcisa à Itália. Da família da moça, por outro lado, vinham protestos não menos enérgicos de indignação, com o pleito de que cessassem de viver em pecado e regularizassem o consórcio. E tudo isso praticamente às portas de casa. Mas como fazê-lo? Embora estivesse divorciado (como era chamada a separação de corpos antes do código civil), Juca permanecia ainda preso à cônjuge infiel por um laço civil e religiosamente indissolúvel.

- 4 -

Várias soluções começaram então a fervilhar em sua cabeça. De pronto, logo pensou em recorrer ao padre Elisiário de Camargo Barros, pároco da Nossa Senhora da Candelária, matriz de Itu, amigo do coronel Totó, com quem se unira em projetos de benemerência (como a fundação do Asilo de Mendicidade N.S. da Candelária), e que, igualmente, o distinguia com a sua amizade. Foi o que fez, correndo para a paróquia para lhe implorar concedesse uma benção que, se não legitimasse a união, ao menos conferisse ao casal certo grau de respeitabilidade. Era uma idéia atrevida, partindo de alguém que acabara de ser julgado por um crime de morte.

Mas Juca estava ansioso por uma solução, qualquer que fosse, sem atentar para o embaraço que o pedido que formulara poderia criar para o vigário amigo. O padre Elisiário tinha tomado posse da diocese em 10 de março de 1901 (quando o crime já ocorrera) e ali ficaria até 1924, substituindo o padre Jean Baptiste Ogger, que renunciara, por se sentir cansado e doente. Vinha se revelando um homem habilidoso, pois conseguira congregar rapidamente em torno de obras pias duas facções inconciliáveis da vida política da cidade, os jagunços, de um lado, e os maragatos, de outro. No dia 14 de janeiro de 1900 - um ano e poucos meses antes de sua chegada à cidade, e quando Juca ainda se encontrava encarcerado - dirigentes e correligionários das duas correntes haviam se envolvido numa batalha sangrenta, na Praça Padre Miguel, em Itu, resultando num triste saldo de quatro mortos e dezenas de feridos. Encontrou-o na sacristia. Observou de esguelha o quadro de Almeida Júnior, ali exposto, tendo por tema Cristo no horto. A reação do prelado, no entanto, embora afetuosa e gentil, foi a pior do mundo. Amizade à parte fez-lhe ver que a Igreja não poderia servir para acobertar uniões pecaminosas.

Juquinha não era propriamente um católico praticante; não ia à missa com a regularidade que seria de rigor, já que sempre viveu isolado em sítios e fazendas; mas se considerava um servo fiel da Igreja, confiando na infinita misericórdia de Deus. De resto, não considerava sua ligação com Narcisa pecaminosa; até pelo contrário, sentia-se abençoado por tê-la encontrado nessa sua fase de vida, de sorte que o comportamento do padre o atingiu profundamente. Recorreu, então, aos amigos e parentes mais próximos, admitindo qualquer outra solução, menos, evidentemente, a de renunciar à nova companheira: isso significaria abandonar à chance de felicidade que por um milagre encontrara. É nesse momento que lhe foi sugerido um simulacro. Ou seja, o sobrinho Sylvio (o oitavo dos treze filhos de Totó) lhe propôs simularem uma cerimônia virtual, um arremedo de casamento, emprestando à ligação, ao menos diante da família de Narcisa, um ar de dignidade. Segundo consta, o autor da proposta picante (que continuaria a ser, pelo resto de sua vida, o seu mais íntimo amigo), também se prontificou a tomar as providências para que a solenidade se realizasse com verossimilhança.

Primeiro, os paramentos. Recorrendo aos préstimos do capelão da Igreja Matriz, o sobrinho obteve emprestada uma batina preta, com trinta e três botões de alto a baixo mais cinco botões em cada punho, uma faixa violácea para cingi-la na cintura, uma sobrepeliz rendada e uma estola de seda com bordado e franja. A seguir, o local da cerimônia. Depois de cultivar a ousada fantasia de armar o embuste na Capela Original da Mãe Rainha ou na Igreja Santa Rita, em Itu, acomodou-se com a idéia de realizar o casamento na pequena capela da fazenda. Trouxeram flores para o pequeno altar. No nicho, junto à peanha que sustentava a imagem sacra, foi colocado um maço de rosas vermelhas, símbolo de Rovigo. Nada sabendo do ardil, Narcisa se mostrava imensamente alegre. Num gesto de respeito, cobriu-se com uma mantilha rendada para o ato. Juca apertou-se num paletó cáqui. Os colonos se aproximaram aos poucos e se aglomeraram em volta da capela. As mulheres com vestidos de organdi estampado e os homens com camisas engomadas e coletes entreabertos. As crianças corriam entre os adultos. Os meninos logo se livraram dos calçados apertados e brincavam com as meninas, arrumadinhas com vestidos de fustão ou musselina franzida com *nids d'abeilles*.

Os noivos se encaminharam silenciosos em direção do taburno de madeira à frente do altar modesto. Ao oficiar a celebração, o sobrinho, devidamente paramentado e com postura eclesiástica, suplantou-se; dispunha de razoáveis recursos histriônicos e conseguiu passar autenticidade à farsa. Jovem político em formação, Sylvio chegou até a arriscar uma curta e discreta homilia sobre o amor, escandindo alguns versos em italiano com boa pronúncia. Plagiava outros casamentos a que assistira. A astúcia transfigurava a impostura e a mentira se mostrava sublime ao ocupar o lugar da verdade. Aos olhos dos colonos presentes a cerimônia fora comovente, e, encerrado o ato, se despediram dos nubentes em frente da capela, com abraços e demonstrações de alegria. Ficaram apenas os parentes mais chegados de Narcisa, que se sentaram em torno de uma mesa coberta por uma toalha xadrez, para uma refeição festiva, a que não faltou um garrafão de vinho, nem uma garrafa de aguardente.

Tudo levaria a crer que, finalmente, fora selada a paz. Juca retornou ao trabalho na lavoura, deixando Narcisa em casa, cuidando do filho. Sentia ainda certo desconforto com o episódio extravagante do casamento, mas não nutria nenhum arrependimento. Assim como nunca se arrependera do crime que cometera, e que, por certo, cometeria novamente, como asseverou repetidas vezes ao longo de sua vida, caso se defrontasse até com o fantasma do rival. A tranqüilidade desses dias não durou, porém, muitos meses. Nem sequer um ano. Mais uma vez a má sorte conspirava contra Juquinha. Logo começou a transpirar entre os colonos informações sobre a falsidade do enlace. A família de Narcisa, inicialmente surpresa, passou a demonstrar revolta. E se pôs a falar em regresso à Itália. Na verdade, um movimento geral de retorno se disseminava então entre os colonos que ingressaram em São Paulo. A maciça migração dos italianos para o Brasil ocorreu, como se disse, durante o período de 1887-1902. Depois de 1902, porém, parte significativa desses imigrantes começou a buscar o caminho de volta, desiludidos com a nova pátria. Escrevendo em 1913, Luigi Rossi, um observador italiano, conta que, entre 1903 e 1913, de cada 100 piemonteses que ingressaram na Argentina, 44 voltaram; de cada 100 peninsulares que se dirigiram para os Estados Unidos, 58 regressaram; e já no Brasil, de cada 100 vênetos que aqui chegaram 66 retornaram. Esses fluxos e refluxos também se reproduziam na emigração dos habitantes do norte da península que se dirigiram para desempenhar atividades agrícolas ou manuais na Suíça, no Império Austríaco ou na França. Por outro lado, entre 1900 e 1915, a crise do campo italiano se deslocou e passou a atingir com maior intensidade as regiões do sul do que as do norte, e os meridionais começaram a superar os setentrionais em número de imigrantes. E com uma vantagem: não pensavam em retornar. Juca recebeu a notícia da volta à Itália com um misto de cólera e angústia. Poderiam voltar, remoeu, mas sem Narcisa e sem o pequeno. A vida do casal, no entanto, começou a se deteriorar, envenenada pela revelação da impostura. Mantida até àquela altura na ignorância da armação, a moça agora se sentia traída. As desavenças começaram a eclodir, comprometendo até o erotismo quase epidérmico que permeava o relacionamento entre os dois. Permaneciam longo tempo distantes um do outro, isolando-se cada um por seu lado, pelos cantos da sede. Quando se reconciliavam, faziam juras de amor imperecíveis, mas estas logo depois eram esquecidas, com novo período de rusgas.

Tudo aquilo representava para Juquinha um longo suplício. Blasonava desprezo e até ódio pela família da moça, mas dela, de Narcisa, não tentava libertar-se, nem deixava fugir uma só oportunidade para se submeter às suas admoestações. A esse comportamento passivo, juntava-se um sentimento de profunda desolação. Tinha medo de perder a companheira, pois estava totalmente inebriado pela vida unânime que alcançara com Narcisa. Sentia-se apavorado com a possibilidade de ficar novamente só, como se o isolamento, nessa altura, fosse uma confirmação de um destino inapelável, de que não poderia nunca se desligar. Essa união era a único recurso que encontrava para conjurar o medo que sentia diante do enigma secreto do mundo. Quando as providências do regresso da família de Narcisa começaram de fato a se materializar, acenando inclusive com a volta da moça e do menino, Juca despencou. Não fora suficiente a postura da família da companheira, somava-se, agora, a insistência da sua própria família. Nhandina e os demais irmãos, tendo apanhado no ar a notícia da desavença, passaram também a pressionar Juca no sentido de forçar o retorno da moça à Itália. Juca, como o personagem mitológico que porta o nome da companheira, debruçava-se sobre si mesmo, tentando distinguir a sua própria imagem nesse rio pardacento que corria para um futuro desconhecido. Revoltava-se aos brados, lançando imprecações à esquerda e à direita, mas, lenta e resignadamente, começou a sofrear as suas reações. E a ceder. Já não encontrava em Narcisa - nem em si mesmo - a antiga determinação. Incapaz de desistir totalmente tentou algumas vezes, é verdade, enlaçá-la com os braços, mas a moça arqueava a cintura, negando-se à aproximação. Outras vezes, acariciava os ombros de Narcisa, que estremecia e rechaçava o agrado. Certa tarde, Juca não mais a encontrou em casa. Nem a criança. Tinham ido para a casa dos pais, na colônia. Juca não encontrou em si coragem para tomar qualquer iniciativa, e procurá-la a poucos passos de onde se encontrava. Alguns dias depois, soube que a família inteira havia se transportado para Santos, a fim de embarcar em um navio de volta para a Itália, acertando as contas finais diretamente com Argemiro. Juca tinha sido simplesmente descartado. Era, aparentemente, o ponto final do drama.

- 5 -

Dez anos depois, porém, a história refluiria, ganhando inesperado seguimento. Eis que em 1913 o pequeno José Boschetto retornaria ao Brasil, repatriado por uma ação orquestrada, mais uma vez, pelo sobrinho diligentíssimo. Nessa altura, Juca já estava morando no Arraial de Souzas, na Fazendinha, de propriedade do doutor Sylvio de Aguiar Maya, encarregado da chefia do grupo de segurança da usina hidrelétrica Macaco Branco, que havia sido inaugurada em 1º de dezembro de 1912. A usina fora construída em Pedreira, junto ao rio Jaguari, afluente da margem esquerda do rio Paraíba do Sul, pelo referido empresário, grande proprietário de tratos rurais na região e estimulado que foi pelo então novo modelo de regionalização de suprimento de energia elétrica no Estado. Uma legislação inovadora incentivara a construção de pequenas hidroelétricas municipais no interior paulista e a usina em apreço tinha por escopo distribuir energia não só para a cidade de Pedreira, mas também para o povoado de Jaguari, hoje Jaguariúna. O doutor Maya tinha interesse nesse empreendimento, pois mantinha na localidade uma grande olaria e a Tecelagem Santa Sofia, produtora de fios de algodão para exportação, que necessitavam de força. Paralelamente, no rio Atibaia havia sido construída em 1906 pela Cavalcanti Byinton & Cia. a usina de Salto Grande, destinada a levar a eletricidade à cidade de Itatiba, ao distrito campineiro de Sousas e ao próprio centro da cidade de Campinas, visando a prover energia para os bondes elétricos, cuja concessão obteria em 1911. Como em Pedreira os rios Jaguari e Atibaia se avizinham, ficaram as duas usinas referidas distantes uma da outro apenas coisa de 10 km, havendo uma certa sobreposição das áreas de concessão. Albert Jackson Byinton, estadunidense radicado no País, era empresário arrojado, até truculento, no setor, atuando em várias cidades do interior, como Sorocaba, Piracicaba, Amparo, Serra Negra, Espírito Santo do Pinhal e Itapira. Em Pedreira, a Byinton foi expandindo a sua rede de distribuição, muitas vezes removendo a fiação da área da Empresa Hidrelética Jaguari. A fim de proteger as torres dessa empresa, foi organizado um grupo de vigilantes cuja chefia seria confiada a Juquinha. Essa colocação foi intermediada por Totó Sampaio que, tal como Sylvio Maya, era também grande proprietário rural e tinha igualmente interesse em usina hidrelétrica. Ademais, destacava-se como líder político influente no Estado.

Após o rompimento com Narcisa, Juquinha mergulhara numa profunda depressão, isolando-se completamente dos parentes e amigos. Não largava a fazenda. Começou a negligenciar o trato da lavoura. Se não podia abandonar o irmão, o coronel Totó Sampaio começou a imaginar uma maneira de lhe dar uma injeção de ânimo, quem sabe lhe proporcionando novos ares. Quando soube do problema da usina de Pedreira, vislumbrou ali uma solução perfeita e vendeu ao colega de atividades empresariais a imagem de Juquinha como homem probo e destemido, até com um infeliz crime de morte em sua folha corrida. Feita a apresentação de Juca, o posto lhe foi oferecido e por ele aceito. Uma vez cavada a colocação, era preciso também resgatar o equilíbrio emocional do irmão, compensando-o do profundo sentimento de perda que o perseguia desde o abandono de Narcisa. Cogitou-se, então, de repatriar o pequeno José Boschetto para que este fizesse companhia ao pai, mormente porque, privado da convivência da criança quando esta tinha apenas dois anos de idade, foi-se cristalizando em Juca uma fantasia a respeito do menino, turbinada por um forte desejo de tornar a vê-lo. Foi incumbido da tarefa de localizar a criança o sobrinho Sylvio, que logo embarcaria para a Itália, às expensas do pai, para cumprir a tarefa, levando os nomes de alguns agentes locais que haviam recrutado imigrantes na região de Rovigo.

O médio Polesino é uma realidade quase onírica na sua configuração territorial. Trata-se de uma longa faixa de terra fértil que se perde no horizonte entre as águas do Pó e do Ádige, os dois maiores rios da Itália. Uma síntese única de terra, céu e água, tal como foi explorada nos filmes neo-realistas clássicos como *Ossessione* e *Paisà.* Rovigo é a capital do Polesino. Os restos das torres de um castelo medieval são o símbolo da cidade. Não muito longe das torres está a *piazza* Vittorio Emanuele II, coração de Rovigo. Em volta vê-se o *palazzo* Roverella, do século XV, a Accademia dei Concordi, edificada em 1580, e a Pinacoteca, com obras de G. Bellini, Palma il Vecchio, Piazzetta e Tiepolo. Ainda no centro da cidade, o setecentesco *palazzo* Venesse (hoje Liceo Musicale), a porta de S. Bartolomeu e a igreja da Santa Virgem do Socorro, chamada La Rotonda. Depois de muitas investigações e visitas, orientadas por um dos agentes de imigração que contra-

CAPÍTULO III

O FINAL

Rage, rage against the dying of the light.

D.T.

- 1 -

A revolução de 1930, alcunha nobre que na época se deu ao golpe militar que depusera o Presidente Washington Luiz e tolhera a sucessão deste por Júlio Prestes, então presidente do Estado e candidato já eleito, viria a dar uma nova e profunda virada de página na vida de vários dos personagens objeto deste nosso relato. Seja na vida de Juquinha, seja na de seus filhos Renato e José, seja ainda na carreira política do professor Francisco Antônio de Almeida Morato, que defendera Juquinha com êxito no júri em Piracicaba. Renato, que ingressara na política pelas mãos de seu tio, o Coronel Totó Sampaio, membro ilustre do Partido Republicano Paulista, era então prefeito de Itu, sendo sumariamente afastado do cargo pelos novos donos do poder. O colapso sem precedentes de Wall Street, afetando dramaticamente a exportação de café para o mercado norte-americano, e que já vinha decaindo desde a virada do século com a superprodução do produto, daria aos políticos dos vários Estados da Federação a oportunidade, sempre sonhada, de romper a hegemonia que São Paulo então desfrutava na política nacional. O pretexto para o golpe era o da instauração de reformas sociais e institucionais, que por certo nunca pensaram em realizar. Era, na realidade, apenas uma luta pelo poder. Nessa nova ordem, os quadros do PRP seriam inapelavelmente despejados dos cargos que ocupavam. Foi o que ocorreu com Renato. E com o professor Morato, um dos fundadores, em 1925, do Partido Democrático (uma cunha desajeitada introduzida no espaço perrepista), e a quem o movimento revolucionário se comprometera a entregar o governo do Estado de São Paulo. Morato viu o seu projeto político pessoal simplesmente se esfarinhar, com a nomeação por Vargas do pernambucano João Alberto Lins de Barros como interventor no Estado. Sobreviveria o ilustre jurista até 1932, como um dos líderes da então chamada Frente Única Paulista, que anunciaria a união dos partidos rivais pela reconstitucionalização do País, com a restituição a São Paulo da autonomia federativa de que então fora esbulhada. Getúlio Vargas, que fora em 1927 ministro da Fazenda de Washington Luiz, e que o trairia sem a menor cerimônia poucos meses depois de lhe hipotecar fidelidade inconcussa em carta famosa (que trazia o timbre do Governo do Rio Grande do Sul), exibiria toda a sua matreirice, que se tornaria lendária, introduzindo um populismo que se consagraria, desde então, como a nota identificadora da política nacional, mesmo nos interlúdios autoritários.

Em sua edição de 10 de julho de 1930, o *Correio Paulistano*, órgão jornalístico do PRP, registrara, com duas fotografias e uma longa reportagem, a homenagem que a sociedade ituana prestara com um banquete de 100 talheres ao doutor Frederico Roberto de Azevedo Marques, em regozijo pela sua promoção a juiz de direito da Comarca de Itapetininga, região dominada pela família de Júlio Prestes. O *Correio Paulistano* era de propriedade de Joaquim Roberto de Azevedo Marques, pai do homenageado.

O evento realizou-se num dos salões da Câmara Municipal de Itu (que sofreria um grande incêndio na década de 1980, destruindo quase que totalmente o seu acervo), tomando assento central na mesa o homenageado ao lado de Renato Sampaio, prefeito da cidade, e altas autoridades civis, militares e eclesiásticas. O padre José Maria Monteiro, o coronel Epaminondas Teixeira Guimarães, comandante da 4ª R.A.M., o dr. Manuel M. Bueno, promotor público e o dr. Pedro Martha, juiz substituto. Ao longo da mesa, havia um número significativo de parentes de Renato, inclusive o seu meio-irmão José de Almeida Sampaio Filho, já carregando o patronímico da família. Poucos meses depois desse evento, em 24 de outubro de 1930, a Junta Gover-

CORREIO PAULISTANO

10 . 7 . 30

EM ITU'

Dr. Frederico Roberto de Azevedo Marques

Homenagem da sociedade ituana ao distincto magistrado

— Pelos amigos e admiradores do sr. dr. Azevedo Marques, ex-juiz de direito desta comarca, foi mandada resar missa, em acção de graças, pela sua merecida promoção para a comarca de Itapetininga.

— Realizou-se, num dos magnificos salões da Camara Municipal desta cidade, o grande banquete de 100 talheres, que os amigos e admiradores do sr. dr. Frederico Roberto de Azevedo Marques lhe offereceram em regosijo pela sua promoção a juiz de direito da comarca de Itapetininga.

No vasto salão achava-se disposta a mesa em forma de U, caprichosamente ornamentada de flôres naturaes, graças ao bom gosto da "Casa Flora", dessa capital.

Tomaram assento á mesa os srs: dr. Azevedo Marques e sra.; sr. Renato Sampaio, prefeito municipal; padre José Maria Monteiro, coronel dr. Epaminondas Teixeira Guimarães, commandante do 4.o R. A. M.; dr. Manuel M. Bueno, promotor publico; dr. Pedro Martha, juiz substituto; dr. Evandro B. da Silveira, senhorita Oducilia Sampaio, senhorita Carmelita Machado, sr. Francisco F. Toledo, dr. Carino Espirito Santo, delegado de policia, sr. Osorio D'Elboux, sr. sr. Sylvio de Almeida Sampaio, sr. Luiz de Camargo Penteado, sr. João B. da Silveira, sr. Antonio Nardy Netto, sr. João Carlos de Camargo Teixeira, sr. Antonio de Almeida Toledo, sras. José Dias Aranha, Fausto Teixeira, Leopoldo R. Arruda; senhorita Mercedes Sampaio Mendes, Lucy Azevedo Marques, Nilza Pinho, Celia e Maria Thereza de A. Marques, Chiquinha Sampaio, Lygia B. de Carvalho; sras. Maria Antonieta Sampaio Pereira, Luiza de Almeida Sampaio, Maria Eliza Nardy, Felisbina R. Pinho, Carlinda Espirito Santo, Marina de Mattos Pacheco e Silva, Gertrudes Paes de Barros Sampaio, Ermelinda Silveira Machado, Santinha Voss Muniz, Adelia Peres Guimarães, Luida Conceição Penteado, Maria J. de Paula Leite Piza, Elza Emmerich de Lima, Lalá B. da Silveira, Lasthenia S. Teixeira, Francisca de Carvalho Silva; senhoritas: Lucy C. Penteado e Ottilia Paula Leite; srs. dr. Servulo Pacheco e Silva, José de Toledo Piza, Hilario Ferrari, Francisco Leal Nunes, Orlando de Freitas, Irineu A. de Sousa, dr. Custodio Pinto Sampaio Netto, dr. Braz Bicudo, Carlos João Caldarara, Adolpho Ferraz Sampaio, engenheiro João Baptista de Lima, Antonio de Paula Leite Netto, Flavio de Paula Leite, dr. Graciano Gerbello, dr. Amaral Gurgel, Luiz Camargo Junior, Edgardo Pereira Mendes, Lucidio Motta Navarro, Claudio Ribeiro da Silva, Salvador Januzzi, dr. J. B. Mattos Pacheco, Lafayette Conceição, Sylvio Fonseca, Antonio Costa Pinho, Lauro Alves, F. Nardy Filho por si e pelo dr. José de Almeida Sampaio, Oduvaldo Sampaio, Targino Paes de Barros, Luiz Firmiano de Almeida, dr. Ferreira Dias, João de Paula Leite, Sylvino Galvão, Alfredo Miguel, Lauro Kagler, Antonio Peres Guimarães, Benjamim Bueno Filho, José Sampaio, José Muniz de Mello e engenheiro Gastão S. Machado.

Ao champagne, usou da palavra o advogado do nosso foro, sr. dr. Evandro Balthazar da Silveira, para offerecer o banquete e um artistico mimo, trabalhado em marmore e bronze, expressiva lembrança de seus amigos de Itu'.

O orador, em finissima peça oratoria, traçou, com firmeza, a personalidade do estimado e integro magistrado, accentuando a sua actuação rectissima no espinhoso cargo que aqui exerceu durante largos annos. Ao terminar o seu bello discurso, fez votos ardentes pela sua felicidade pessoal e de sua exma familia.

Logo após, levantou-se o illustre homenageado, que agradeceu sensivelmente commovido áquella demonstração de amizade.

Em seguida, usou da palavra o sr. Francisco Nardy Filho, representando o sr. dr. José de Almeida Sampaio, deputado estadual por este districto.

Durante o banquete fez-se ouvir a esplendida orchestra regida pelo maestro Tristão Mariano Junior, e foram batidas diversas chapas photographicas.

Aspecto apanhado por occasião do banquete offerecido ao dr. Azevedo Marques

O dr. Azevedo Marques, ao centro, tendo á direita sua esposa, e á esquerda o prefeito sr. Renato Sampaio

nativa, formada pelos militares, deporia o presidente Washington Luiz, assumindo o Governo federal. No dia seguinte a Junta forneceu salvo-conduto ao presidente deposto para viajar para o exterior. No dia 30 de outubro a Junta dissolveria o Congresso, e, no dia 3 de novembro, entregaria o poder a Getúlio Vargas como chefe da revolução vitoriosa – sem fuzilamento, sem sangue, mas com discursos inflamados, no bom estilo da nossa pátria. Ato contínuo Renato foi substituído pelo vereador Joaquim da Fonseca Bicudo, nomeado para a chefia do Executivo de Itu na curiosa condição de "Governador Civil da Cidade". Nas poucas atas de 1930 da Câmara de Vereadores de Itu que restaram, poupadas do incêndio (suspeita-se que criminoso), e que se encontram preservadas no Museu Republicano (instalado na casa que pertenceu a Bento Dias de Almeida Prado, Barão de Itaim), consta a assinatura de Renato, mas como vereador. O seu nome não figura porém na galeria dos prefeitos. Essa omissão não causa surpresa, pois os registros oficiais entre 1930 e 1932, em várias instituições públicas, foram simplesmente apagadas na ditadura Vargas. Expulso da prefeitura, Renato recolheu-se na sua fazenda Santa Gertrudes, em Bandeirantes, no norte do Paraná.

Juquinha foi poupado desses reveses, pois, antes desses acontecimentos, em 21 de março de 1930, viria a falecer em Itu, aos 67 anos, sendo sepultado no cemitério da cidade. Nos últimos anos de sua vida passou longas temporadas com o filho José na fazenda São José, também em Bandeirantes. A propriedade pertencia ao mesmo trato de terras adquirido, em conjunto, entre 1925 e 1926, por Dudu Sampaio, Sylvio, Renato e José Sampaio, e que foi dividido em glebas aproximadamente de 300 alqueires paulistas cada uma, atribuídas a cada um deles. As glebas foram adquiridas de Paulo Procópio Ferreira, que detinha a posse de extensas propriedades na região. A José se destinou um lote de cerca de 100 alqueires, visto que, não dispondo de recursos para a compra, ficou com um lote menor, obrigando-se a dar início pessoalmente ao empreendimento comum. Tratava-se, no fundo, de uma imensa propriedade de terra roxa, toda ela coberta de mata cerrada, que deveria ser tombada e destinada ao plantio de café. Para cumprir esse acerto José Sampaio se transferiu para o Paraná com sua mulher, tia Jacyra Paes de Barros, entre 1927 e 1928. Conheci essa propriedade em 1945, acompanhado de Maria e Chiquinha Sampaio, filhas de tio Renato. Tinha então nove anos de idade e fiquei hospedado na sede da fazenda Santa Gertrudes. Era uma casa modesta, de tábuas aparelhadas, sem força elétrica, iluminada à noite por um lampião a querosene. O terreiro para a secagem do café, ao lado da casa, era de terra batida. Lembro-me de ir à fazenda de Sylvio Sampaio, cuja sede era de alvenaria, jogar bola com o seu filho João, um pouco mais velho do que eu.

- 2 -

Interrompo aqui a narrativa, para retornar a uma das duas fotografias estampadas na edição do *Correio Paulistano*, relativas à homenagem prestada ao dr. Azevedo Marques. Após o banquete, os presentes se reuniram em outro salão da Câmara Municipal, colocando-se em três fileiras consecutivas para o retrato. As fotografias captaram esses dois momentos sucessivos. Quando vi a foto e as demais chapas tiradas após o almoço, quase que fui às lágrimas. Numa delas, abaixo reproduzida, amontoados debaixo de quadros dependurados nas paredes de Prudente de Moraes e

Washington Luiz, ali estavam agrupados parentes queridíssimos, hoje mortos, com quem convivi desde criança. Ao reconhecê-los a minha primeira reação foi completamente disparatada. Examinei os mais jovens, sentados no chão e corri os olhos vertiginosamente à minha procura. Onde estou eu? Absurdo. A fotografia é de 1930 e eu viria à luz em 1936. Todos esses meus parentes, há tanto tempo falecidos, emergiam nessa foto como que iluminados pela *claritas* que, desde São Tomás de Aquino, tem sido encarada como sinal de uma verdadeira epifania. Já cheios de vida antes do meu nascimento, quando tudo era para mim escuridão, continuam ainda agora plenos de luz nessa imagem captada pela câmara fotográfica, quando há anos foram arrancados desta vida. Da mesma forma, permanece também incólume e nítido para mim o próprio salão da Câmara, que seria consumido pelo incêndio que lavraria no prédio vários anos depois.

Pois as figuras de todos esses parentes e a imagem desse salão ficariam perenemente gravadas em minhas retinas através de um processo de registro ótico não muito diferente daquele utilizado pela máquina fotográfica. Ali estava tia Luiza de Almeida Sampaio, irmã de Juquinha e avó de minha mulher (Luzinha também), e, pouco mais à direita, Sylvio de Almeida Sampaio, filho de Totó Sampaio e companheiro predileto de Juquinha. Ao lado, estava tia Tudica (Gertrudes) Paes de Barros Sampaio, esposa de Renato, e sua filha Chiquinha Sampaio. Na última fila, em posição de sentido, descubro a figura de Targino Paes de Barros, meu tio-avô e filho de Francisca Eugênia de Sampaio Goes Taques Paes de Barros, minha bisavó. Também comparecera ao evento o meio-irmão de Renato, José Sampaio, "representado" pelo doutor Franscisco Nardy Filho, como consta curiosamente do noticiário do jornal. Também ali aparecia a senhorita Mercedes Sampaio Pereira Mendes, que foi muita amiga de minha mãe (Mercedes era de 1917 e minha mãe de 1914), ao lado de sua mãe, dona Maria Antonietta Sampaio Pereira Mendes e de seu pai, Edgardo Pereira Mendes. Figuram ainda na foto a senhorita Oducilla e o jovem Oduvaldo de Almeida Sampaio, filhos de Maria Amália e Antônio Domingos de Sampaio. Vários outros são ainda os contraparentes registados no noticiário do jornal, a maioria dos quais eu viria a conhecer, pertencentes às famílias Paula Leite, Toledo Piza e Pacheco e Silva. Todos vestindo roupas alegres e festivas, se bem que cerimoniosas. Como Juquinha falecera meses antes, em março de 1930, tio Renato guardava luto fechado, trajando terno preto, com colete e gravata escura.

- 3 -

Voltemos à narrativa acima interrompida e acompanhemos a mudança em 1927 de José Sampaio para as propriedades em Bandeirante a fim de promover a derrubada da mata e dar início ao plantio do café. A vegetação era pujante e a derrubada da floresta era realizada com machados e serras lançadoras, com o aproveitamento da madeira de lei para as construções da fazenda (casas, curral, serraria) e com a subsequente queima e enleiramento da vegetação restante. Tenho várias fotografias desse trabalho. Figueiras imensas, cabriúvas fantásticas e jacarandás gigantescos eram abatidos sem piedade. As figuras humanas dos trabalhadores, que posam nas fotos ao lado dessas árvores cortadas revelam o porte majestoso dessa vegetação destruída. Numa foto tirada na São José, vemos José Sampaio, já meio calvo, com botina e polaina de couro, sentado sobre um enorme tronco de árvore de cor escura e estrias variadas, segurando um podão, contra uma vegetação fechada ao fundo. Em outra fotografia, tirada com grande angular, vemos um vasto terreno da propriedade de Renato com troncos violentamente decepados, lascas de lenha e ramagem carbonizada, que lembra a imagem convulsiva de um terreno devastado por um violento tufão. No meio dessa área assolada aparecem vários carreadores paralelos, alinhados ao lado de mudas de café, já exuberantes no seu segundo ou terceiro ano, fazendo a separação dos talhões. O objetivo desses carreadores paralelos era facilitar a carpa com instrumentos puxados por burros e franquear a passagem de carrocinhas. Nesse começo não havia viveiro de mudas. A semeação era feita diretamente em covas profundas, usando-se um número elevado de até trinta sementes. A exigência desse número elevado de grãos decorria do fato de que a germinação não era total, em razão do ataque devastador de pragas e moléstias oriundas da vegetação primitiva abatida. A seleção natural se operaria ao correr do desenvolvimento das mudas, restando no fim apenas um terço delas. A abertura das covas para o plantio do cafeeiro era manual e feita com enxadão.

Nessa fase inicial do plantio do café, os trabalhadores viviam em habitações improvisadas. Inúmeras são as fotografias que tenho de tendas, barracas, choças e bivaques, à frente das quais se perfila sempre em grupo de trabalhadores, ao lado de Renato e José Sampaio. Esses desbravadores eram homens rijos, expostos a uma vida áspera e a uma rotina severa. Conta-se que de uma feita um dos trabalhadores sofreu um profundo golpe de machado na perna e perdia sangue aos jorros. Os recursos de socorro de que dispunham eram insuficientes e não havia tempo hábil para buscar atendimento na localidade mais próxima. Era preciso cauterizar o profundo corte, e até pensar em amputar a perna, para estancar o sangramento. Nenhum dos companheiros tomava a iniciativa, eis quando Renato se adiantou e aqueceu um bule de metal, com uma alça de ferro, numa fogueira improvisada no local, calcinando profundamente a ferida e salvando o agonizante. Numa fotografia de 1935, já aparece na fazenda São José um Renato próspero, com senhoras da família, ao lado de um carro europeu, tendo ao fundo um cafezal adulto. Em uma fotografia de 9 de julho de 1937, Fausto, irmão mais moço de Renato, envia uma fotografia onde exibia ao irmão uma grande quantidade de codornas e perdizes "vítimas de meio dia de caça", como acentua, que ele empreendera nas proximidades de Buenos Aires, cidade para a qual se transferira aos nove anos de idade, meio órfão em virtude da tragédia, com a família Alves de Lima. Octaviano Alves de Lima para lá se mudara durante a crise com o objetivo de abrir filiais do *Café Paulista*, um dos estabelecimentos mais tradicionais de Santos, inaugurado em 25 de março de 1911 na Rua do Comércio, e que, em data recente, em 13 de novembro de 2017, acabaria por fechar as portas. Com o exame dessas fotos a presente narrativa propõe ao leitor um jogo de imaginação, vale dizer, um exercício de visibilidades. A intenção deste escriba, com a reprodução dessa série de imagens, é a de pegar a mão de quem lê o presente relato e trazê-lo para dentro desse jogo imaginário, que ocorre em todo relato de fatos reais que se preza. A realidade, vista através do prisma misterioso da fabulação, é assim reconstruída com a montagem dessa sequência de estampas que impregna de enigma e de *páthos* as investigações mais banais de verossimilhança.

Para concluir essa iconografia, vejam as últimas fotografias abaixo reproduzidas. A primeira reúne um grupo de primos e tios presentes ao casamento de Renato Sampaio, realizado em 24 de dezembro de 1912 com tia Tudica - Gertrudes Paes de Barros – origem do nome Santa Gertrudes atribuído à fazenda de Bandeirantes. Foi com enorme esforço que logrei identificar os parentes fotografados, com quem iria conviver durante anos. De quase nada valeu o auxílio que me foi prestado pelos parentes mais velhos, a que me socorri. Pouco reconheciam, e reconheciam pouco.

O casamento foi realizado em São João da Bocaina, cidade em que residia meu bisavô Joaquim Fernando Paes de Barros, que ocupava modesta posição na Coletoria estadual local. Era o pai da noiva. A sinecura lhe fora cavada pelo meu avô Barrinhos. Eu mesmo fui batizado na igreja Matriz São João Batista da cidade que é depositária de 13 telas sacras de Benedito Calixto. A tarefa de reconstituir a fisionomia de cada um deles representou para mim uma tarefa insana. O esforço, porém, foi compensador. Ali encontrei, na fileira ao fundo da fotografia, da esquerda para a direita, tio Décio, tio Synesio, tio Paulo e meu avô, Joaquim Fernando Paes de Barros, irmãos da noiva. Sentados, da esquerda para a direita, aparece meu bisavô Joaquim, ao lado de dois adolescentes, tio Targino e tio Sérgio, também irmãos da noiva. Finalmente, no canto direito, surge tio Juquinha. Bem à esquerda da foto, entrevejo tio Renato, uma figura de baixa estatura, tendo à sua frente um menino. Era José Sampaio, recentemente chegado da Itália, com calça pula-brejo e lenço apertado no pescoço. Para mim, o reconhecimento de cada um deles foi um pungente trabalho de observação e análise. As feições desses meus tios e primos, que eu retinha na memória, lá estavam por certo. Eram eles; mas tinham sofrido, no curso dos anos, profundas refrações. Ou engordaram exageradamente; ou aprofundaram a calvície; ou simplesmente enrugaram, provocando deformações tectônicas. A mudança era lancinante. Renato, por exemplo, pequeno e com bigode farto nessa foto de 1912, era - e ao mesmo tempo não era - a pessoa que conheci mais tarde. A lembrança que conservo dele é de um rosto forte, glabro, sem bigode, de pele esticada sobre os ossos maxilares, com um pescoço de touro escorado na gola apertada de sua camisa, sempre iluminado por um sorriso acanhado e até meio adulador, com uma voz rouca de fumante. É a figura robusta que está na foto do almoço na Câmara de Itu, em 1930. Já na fotografia do seu casamento, em 1912, o seu vulto é até frágil. Ainda mantenho gravado na memória o seu semblante maroto quando, com a sua mão gorda e carnuda, me entregou de presente, em sua casa de Campinas, um fox paulistinha, que foi meu companheiro na meninice. Parece que a ninhada desses cachorros tinha sido importada por Fausto da Argentina. Já a figura de tio Juquinha (que pessoalmente não conheci) registrada na foto do casamento, apresentando um porte até elegante, com pálpebras estranhamente entumecidas, olhos turvos de míope, e uma pera grisalha no queixo, contrasta profundamente com a figura magra, alquebrada e encarquilhada de um ancião, que aparece nas três fotografias subsequentes. É chocante a mudança em quinze anos, se tanto. Na primeira delas, ele está apoiado numa balaustrada, com um terno de brim amarfanhado, de gravata, portando uma bengala na mão esquerda. Está sem chapéu. Na segunda, com chapéu de abas largas, está sentado num banco de fazenda, sozinho; e na terceira está ao lado de Sylvio Sampaio, o que leva a concluir que são ambas de Bandeirantes. Em todas essas fotografias Juquinha é a própria imagem da derrota, clamando por compaixão.

Exilado em Bandeirantes nesses anos finais de sua vida, além de acompanhar diariamente as tarefas de implantação do cafezal na fazenda, a vida de Juquinha se resumia em seguir pelos jornais, quando estes lhe vinham às mãos, as últimas intrigas da política paulista e nacional, para depois discuti-las com Sylvio e os demais companheiros. Havia também a pesca de mandi no Cinzas, que era o rio que margeava as invernadas ao longo de todas as propriedades, com cinquenta alqueires cada uma. O rio das Cinzas nasce em Piraí do Sul e deságua no Paranapanema. Com Sylvio mantinha conversas que se espichavam ao longo da caminhada pelo cafezal recentemente plantado até se acomodar no banco de madeira colocado na sede da fazenda deste último, perto do terreiro, e em que se sentaram para as fotos acima reproduzidas. Conversa confidencial a dois requer concentração, equilíbrio e um misto de segurança por parte de um e modéstia por parte de outro, qualidades presentes no sobrinho mais moço e no tio mais velho. Juquinha sempre começava a nomear os problemas por que passou, e o deixavam combalido física e moralmente. Sua fala fluía lentamente, comentando as recomendações e advertências feitas pelo médico, em Itu, até desaguar no drama deplorável que atravessara. Queixava-se da crescente solidão, enquanto o sobrinho debulhava generalidades e se recolhia, deixando que o monólogo retórico do amigo se prolongasse tarde adentro, sem interrupções, pois, aos poucos, essas lamentações iam perdendo o revestimento de sinceridade confessional. Não existe palavra benévola suficiente para acalmar a dor do sofredor ofendido e humilhado. Bastava para ele ver a confidência acolhida pelo silêncio do companheiro presente, até que um assunto distinto aparecesse e ganhasse espaço.

- 5 -

Nesses anos que antecederam a revolução de 1930, a política era o centro temático das conversas e o tópico central era a ascensão e a queda do presidente Washington Luiz e o fim do protagonismo de São Paulo na república brasileira. Alinhemos os tópicos mais discutidos, ano a ano. Em 1927, o presidente Washington Luiz determina a cassação da cidadania do general Miguel Costa, comandante da Coluna Prestes, cuja saga comovera o País. Nesse ano ocorre a morte dos anarquistas italiano Sacco e Vanzetti, na cadeira elétrica de Charlestown. No tabuleiro da política nacional, observa-se a ascensão meteórica de Júlio Prestes à presidência do Estado e sua escolha como futuro chefe da Nação. Outro assunto recorrente era o projeto de estabilização da moeda e do câmbio diante da montanha de dívidas que Arthur Bernardes legara ao paulista de Macaé. Em 1928, o Partido Democrático, fundado em 1925 por dissidentes do PRP, principia com um movimento que denomina de conscientização cívica, orientada no sentido de combater o que classificava como política de castas, uma das características do PRP. Esse partido estava concentrado num movimento de apoio a Júlio Prestes, que teria herdado do pai a presidência do Estado e almejava a presidência da República. Mexerico muito explorado pela imprensa dizia respeito à intervenção cirúrgica a que se submetera o Presidente Washington Luiz, acometido de uma crise de apêndice. Comentava-se que fora utilizada como desculpa para encobrir suposta agressão de Elvira Vichy Maurich, marquesa italiana, cantora lírica que seria sua amante, enlouquecida de ciúme. O presidente Washington Luiz era reconhecido melômano, que no aconchego dos íntimos, costumava exercitar sua vigorosa voz de barítono. Nos saraus familiares fazia dueto com a esposa Sofia, filha de Rafael Tobias Paes de Barros e Maria Joaquina de Oliveira Barros, barões de Piracicaba. Registrou-se nessa ocasião o desvio de cédulas da Caixa de Amortização. Foi objeto de notícia internacional a expedição do coronel inglês Percy Harrison Fawcett, perdido na selva amazônica. Em maio desse ano Washington Luiz, para quem governar era abrir estradas, entregaria ao País a estrada Rio-São Paulo. Em 1929, formalizou-se o veto do presidente paulista (fluminense de Macaé) à postulação mineira de

Antônio Carlos e, em contrapartida, a rejeição de Minas à candidatura Júlio Prestes, compondo-se assim a nova coreografia política do País, com o fim da chamada coligação café-com-leite. Eram essas as matérias do repertório das infindáveis conversas entre esses paulistas isolados em solo paranaense, além das intrigas e bisbilhotices habituais de homens longe dos seus rincões e isolados no mato. Ou as piadas contadas por um e outro, para aliviar a tensão. Na pescaria no Cinzas o silêncio se impunha e nem sequer esses temas se mostravam presentes em suas cabeças. Juquinha se perdia na reflexão sobre o regime alimentar rigoroso e sem graça a que tinha que se submeter por recomendação médica, e outras amenidades, quando não retornava ao delicado tema do assassinato, que o obcecava.

Juquinha faleceu em março de 1930 na Santa Casa da Misericórdia de Itu. Desde 1927, vivia a maior parte na fazenda São José, de seu filho, no Paraná. Quando em Itu ou se hospedava nas casas dos irmãos, ou se alojava em Indaiatuba, na fazenda Pimenta, de Totó Sampaio, onde por anos chegou a trabalhar. Nessa propriedade, que pertencera a João Tibiriçá Piratininga (cognome adotado por João de Almeida Prado Jr.), Totó mantinha a sede de seu latifúndio.

Juquinha percebia que estava envelhecendo de maneira vertiginosa e que esse envelhecimento o apanhara numa armadilha mediante constrangedores episódios físicos. Cada sintoma de debilidade era seguido de outra ainda pior. A ruína era sinalizada pelas neuropatias e embolias. Uma crescente falta de firmeza o perseguia. O corpo não mais conseguia se recuperar. A esperança de que essa fragilidade poderia ser logo superada era seguida pela sensação de que não haveria superação possível. Começou a ter medo de cair nos carreadores, no terreiro de café e até na própria sede da fazenda. Passou a usar bengala. Percebia que os óculos se tornavam frequentemente inadequados. Sentia que estava perdendo a visão pelo envelhecimento do cristalino dos olhos, que já se mostravam amarelados. Era a catarata – a mesma que anos antes tornara o pai do Almeida Júnior quase cego, não fora a ajuda dos amigos de Itu, capitaneados por Juquinha, que se cotizaram para levá-lo a se operar com o doutor Adolpho Gad, em São Paulo, quando o pintor se encontrava no exterior e sem recursos. Ao menos, ficou uma carta de agradecimento de Almeida Júnior, datada de 29 de junho de 1878, de Paris. Era, enfim, dominado pelo sentimento de que quase tudo estava perdido e que o que restava era apenas a perspectiva de mais perdas. Mesmo a memória, embora inesgotável, não passava de um círculo fechado, não excedendo os limites de um campo imutável de ruminação, suscitando, na melhor das hipóteses, meros exercícios especulativos. Nos últimos anos Juca passava horas murmurando palavras desconexas. O assassinato de Almeida Júnior era o fato nuclear de sua vida que nunca sumia de sua mente. Thereza, filha de Sylvio, disse-me que era menina e ouvia Juquinha, na fazenda de seu pai, murmurar, repetidas vezes, cheio de furor e ira, de que "quantas vidas ele tivesse, quantas vidas eu tiraria". Era o tópico recorrente desse homem já devorado pelo Alzheimer.

Mesmo quando ficamos convencidos de que estamos sendo objetivos e firmemente ancorados em fatos sem adornos, a verdade permanece escorregadia como um sabonete molhado entre os dedos. Se a realidade reside em algum lugar, não é propriamente nos fatos, mas na versão e nas nuances. Ao compor o texto, aqui e ali, quando achava que a narrativa exigia aprofundamento, busquei nas cartas, nos extratos de jornais e principalmente nas fotografias, a realidade que nessas peças ainda mantém o seu frescor, pois o texto, embora escrito com o maior empenho e a maior sinceridade, não fornece a mesma acuidade e não traduz a mesma verossimilhança. Sempre inscrevi Juquinha na galeria de meus personagens inesquecíveis e sempre identifiquei na sua gradual dissolução humana, nimbada de mistério, uma das mais comoventes estórias que conheci, que faria salivar o mais *blasé* dos escritores de ficção. Coitado do tio Juquinha! Era assim nesse tom crispado, e depois de um longo suspiro, que as pessoas de minha família se referiam a esse meu tio-bisavô.

POST-SCRIPTUM

"the kind of stories that people turn life into,

the kind of lives that people turn stories into"

P.R., The Facts (1988).

Em meados de agosto de 1960, cursando o último ano da então Faculdade de Direito da Universidade da Guanabara, mudei-me para São Paulo. Fui morar na casa de tio Renato do Amaral Sampaio, então já falecido, filho mais velho de Juquinha, onde permanecia residindo sua mulher, tia Tudica (Gertrudes) Paes de Barros Sampaio, que me acolheu carinhosamente. A casa era na Rua Doutor Cândido Espinheira, em Perdizes. Por intervenção do Ruy Mesquita, casado com Laurita Sampaio Lara Mesquita, foi-me franqueado um lugar como *copyrighter* na redação do *Estadão.* Laura Maria era filha de Maria da Candelaria de Almeida Sampaio Lara que, por sua vez, era filha de Totó Sampaio, irmão mais velho de Juquinha e casado com sua prima Escholastica de Almeida Prado. Eu tinha na ocasião 24 anos e arrastava as asas para Luizinha, então com 18 anos, com quem me casaria em 1962. Luizinha era neta de tia Luizinha Sampaio Lara, homônima e irmã de Juquinha. Essa trama familiar, formada por um conjunto de fios que se cruzam e se entrecruzam, parece urdida por misteriosos tecelões mediante uma lançadeira que forma um estampado cujo desenho até hoje me emociona.

Todos os dias, entre as seis e sete horas da tarde, eu me dirigia ao Paribar, na Praça Dom José Gaspar, atrás da Biblioteca Mário de Andrade, para lá me encontrar com o Fernando Pacheco Jordão, companheiro de trabalho e filho de meu amigo Geraldinho e, depois, marcharmos até a redação do jornal que ficava na Rua Major Quedinho. Como era minha primeira experiência em jornal, tudo me assustava. A experiência foi curta. Fiquei amigo de Décio de Almeida Prado, outro primo, responsável pelo *Suplemento Literário* do jornal, que publicou meus primeiros textos, uma notícia sobre o poeta Philip Larkin e outro sobre as atribulações de Edmund Wilson com o fisco norte-americano . Deixava a redação lá pela meia-noite, passando a caminhar sozinho pela Rua Coronel Xavier de Toledo com destino à praça Pedro Lessa, conhecida como praça do Correio. Para chegar ao meu destino, contornava o Theatro Municipal, na Praça Ramos de Azevedo, e descia para caminhar pela Rua Formosa, no Vale do Anhangabaú, em direção do Correio. Ali pegava o bonde Perdizes. Saltava na paroquia São Geraldo, no Largo Padre Péricles, e ia andando para a casa de tio Renato.

Para engordar o meu orçamento comecei a trabalhar, na parte da manhã, como revisor de textos nos escritórios da Difusão Europeia de Livros, uma editora ligada à Livraria Francesa e que estava sediada numa travessa da Rua General Jardim. Aqui repetia parte do itinerário a pé que realizava à noite. A seção era dirigida por Jacó Guinsburg, responsável também mais tarde pela editora Perspectiva, a quem me aproximei por intermédio de um querido primo, Bento Prado Júnior. Na hora do almoço ia - sempre andando - fazer minhas refeições em balcões de *fast-food*, como *O Gato que Ri* e *Salada Paulista* no Largo do Arouche e na Avenida Ipiranga. Como à tarde eu tinha tempo disponível, fui fazer revisão de acórdãos para a Revista dos Tribunais, primeiro numa casinha na rua Conde de Sarzedas, na Liberdade, depois no próprio Palácio de Justiça, na João Mendes, creio que na biblioteca no 4º andar. Todas essas minhas pequenas atividades avulsas seriam finalmente encerradas quando, contando mais uma vez com o apoio do Bento Prado e creio do Roberto Schwarz, fui substituir o Boris Schnaiderman na edição de textos da Jackson Editora, responsável pela Enciclopédia Mérito e outras coleções. Não conhecia pessoalmente o Boris, que, sem ter feito formalmente um curso de Letras (era agrônomo), tinha sido escolhido, justamente em 1960, para iniciar o curso de Língua e literatura russa da USP. A seção de redação e revisão da editora era administrada por um filho do Humberto de Campos e ficava na rua 7 de Abril, no prédio dos Diários Associados, que reservava um andar inteiro para a coleção do Museu de Arte de São Paulo (MASP). Por fim, todos esses afazeres terminariam quando iniciei a minha carreira de advogado, entrando no final de 1962 no departamento jurídico da siderúrgica COSIPA cujo escritório também se localizava no centro da cidade, na esquina da São João e Dom José Gaspar, no mesmo espaço de minhas andanças anteriores, antes de regressar para a casa de tio Renato. Em 1966, depois de concluir o curso de mestrado, iniciei a minha carreira acadêmica como professor assistente na USP, o que me levou a atravessar outras tantas vezes, de manhã e de noite, o Viaduto do Chá em direção da Faculdade.

Todo esse meu périplo pelo centro velho da cidade me fazia sempre pensar na perambulação de tio Juquinha na fatídica noite de 1899 e que eu repetiria ainda recentemente, agora aos 83 anos, acompanhando o meu neto Salvador, que aos 19 anos está cursando o segundo ano da Faculdade de Direito do Largo de São Francisco e trabalhando num prédio novo do Tribunal de Justiça de São Paulo. Havíamos almoçado na Casa Godinho, na Libero Badaró, e o acompanhei até o seu local de trabalho, fazendo uma longa peregrinação pela cidade. Passando pela Praça Patriarca, paramos para entrar na Igreja Santo Antônio. A seguir pegamos a Rua São Bento e quando entramos no Largo São Francisco adentramos na Igreja São Francisco de Assis, da Ordem Primeira, e em seguida na Igreja das Chagas do Seraphico Pai São Francisco, da Ordem Terceira. Marchamos a seguir pela Benjamin Constant, Quintino Bocaiuva e Senador Feijó, desembocando na João Mendes, onde fizemos uma visita demorada à Igreja São Gonçalo. Todas essas igrejas, no meio dessa metrópole hostil, permanecem muito bem preservadas – e quase vazias. São belíssimas.

Por uma estranha premonição eu sentia que estava apenas dando sequência à caminhada que iniciara em 1960, emprestando continuidade às perambulações que Juquinha fizera mais de um século atrás nesses mesmos pontos do centro velho da cidade, e que, doravante, através dos pés de meu neto, eu continuarei a palmilhar, como numa corrida de bastão. O tempo, na realidade, não existe, é uma categoria da razão, existindo o passado e o futuro apenas quando integrados no tempo presente, de resto sempre poroso e precário. Daí a possibilidade de diferentes tempos, simultâneos ou paralelos, constituindo o passado e o futuro apenas espécies deslocadas do presente.

É o que captou Borges em vários dos seus admiráveis contos, em que há a irrupção do fantástico de viés temporal, dentro dos quais destaco "O milagre secreto", que faz parte das "Ficções". Esse conto foi também objeto de palestra realizada por Julio Cortázar em 1980 num curso em Berkeley. Nele o escritor narra a história de um dramaturgo tcheco judeu detido pelos nazistas no princípio da Segunda Guerra Mundial. Vai ser fuzilado e o conto mostra o momento em que esse homem é colocado contra uma parede, defronte de uma fileira de soldados prontos para o fuzilamento. O dramaturgo trabalhava há mais de um ano numa peça de teatro que seria a culminação de sua carreira artística. O batalhão de fuzilamento levanta as armas e o dramaturgo não consegue deixar de pensar na obra que consumia a sua atenção e que justamente nesse momento em sua cabeça rematava, pondo um ponto final brilhante à peça. Sente-se feliz com isso, embora continue apavorado com a situação em que se encontra. Não quer morrer. Abre os olhos, pois já lhe retiraram a venda, e nesse instante é dada a ordem aos soldados para atirar. O que para o grupo de fuzilamento havia durado dois segundos, consumira mais um ano de apaixonada dedicação para concluir a peça. Conviviam paralelos e simultâneos, no mesmo evento presente, o decurso do tempo empregado no passado na confecção da obra e o decurso do tempo empregado na finalização da peça e, ato contínuo, no fuzilamento do autor.

Em situação bem menos patética (ou quem sabe mais), penso que o decurso do tempo gasto na minha recente romaria com um neto pelo centro da cidade se soma, irreversivelmente, não de maneira sequencial mas de forma paralela e simultânea, ao decurso do tempo gasto no passado com a perambulação de meu tio-bisavô Juquinha, indo da rua da Glória ao Largo do Rosário, e se prolonga com o tempo consumido com as minhas idas e vindas da casa de Renato para o trabalho em várias editoras, esticando-se com as minhas infinitas caminhadas pelo centro com destino à Faculdade por quase quarenta anos. Prossigo na caminhada. Todas essas jornadas formam uma peça única de duração de tempo em contínua expansão - até quando?

Luiz Gastão Paes de Barros Leães

Professor-Assistente de Direito Comercial da Faculdade de Direito da Universidade de São Paulo; Chefe do Departamento Jurídico da COSIPA

ENSAIO SÔBRE ARBITRAGENS COMERCIAIS

SÃO PAULO

1966

LEGENDAS

CAPÍTULO I

Página 14 – Maria Laura do Amaral Gurgel, nascida em 12 de julho de 1871, filha de Balduíno do Amaral Gurgel e Laura Leite Penteado, órfã dos pais desde pequena, ficou aos cuidados dos avós. Em 5 de setembro de 1884, foi expedido pelo doutor Frederico Dabney d´Avelar Brotero, aparentando com a família de Juca e de Almeida Júnior e Juiz de Órfão de Itu, alvará para o casamento de Maria Laura, então com 13 anos de idade, com José de Almeida Sampaio, atendendo a requerimento assinado a rogo pelo avô.

Página 17 – A *Leitura*, tela de Almeida Júnior. *(o/s/tela – 0,95 x 0,41 – a.c.i.e).* Encontra-se na. *Pinacoteca do Estado de São Paulo.*

Página 18 – *(foto superior)* O Theatro São José. Foi inaugurado em 4 de setembro de 1864 no Largo São Gonçalo, atual Praça João Mendes. O teatro seria consumido num incêndio na madrugada de 15 de fevereiro de 1898. Foi reconstruído tempo depois, próximo ao Viaduto do Chá, de frente para a Rua Barão de Itapetininga. Foi, na sua primeira etapa, centro cultural importante da época, tendo recebido companhias dramáticas italianas e artísticas como Arturo Toscanini e a atriz Sarah Bernardt, Eugênia Câmara e o poeta Castro Alves. Passou por seus palcos abolicionistas como Antonio Bento. No quadro Leitura de Almeida Junior aparece ao fundo as linhas do teatro numa paisagem ainda rural. O quadro é de 1898.

(foto superior) Esquina da Rua Direita com a Rua São Bento, vista a partir da Rua Direita em direção do Largo da Misericórdia. Essa esquina era conhe-

cida como Quatro Cantos, por ser a única no centro velho da cidade que formava quatro ângulos retos. No sobrado da direita funcionava o Hotel França, onde se hospedaria Prudentes de Morais quando do seu retorno à São Paulo, no final do mandato de Presidente da República.

Página 19 – Rua Quinze de Novembro em 1887, no centro histórico de São Paulo, que, juntamente com a rua Direita e São Bento, formava o chamado Triângulo, âmago da vida na cidade. Antes conhecida como Rua da Imperatriz.

Página 27 – *(foto superior)* Rua da Glória, vista a partir do Largo Sete de Setembro, antigo Largo do Pelourinho, em direção ao Cambuci. Por ela passava bonde puxado a burros. No número 74, à direita, ficava a casa de Almeida Júnior.

(foto inferior) Princípio do Viaduto do Chá, em direção à Rua Direita. À esquerda a casa de Francisco Xavier Paes de Barros, Barão de Tatuí. No fundo o cruzamento com a Rua Nova de São José, atual Rua Líbero Badaró. Apesar da resistência do barão, o sobrado acabaria sendo demolido, segundo a proposta do urbanista francês Joseph Antoine Bouvard, convidado pelo prefeito Raymundo Duprat para colaborar com os projetos de urbanização.

Página 28 – Largo da Assembleia, antigo Largo da Cadeia. O antigo prédio da cadeia, desativado em 1877, cedeu espaço ao Paço Municipal e à Assembleia Legislativa da Província. A esquerda da foto está a fachada da igreja da paróquia de Nossa Senhora dos Remédios, ao lado da igreja de São Gonçalo.

Página 30 – Igreja de Nossa Senhora do Rosário dos Homens Pretos, vista do ângulo da Rua Quinze de Novembro, em direção do Largo do Rosário. A igreja, construída entre os anos de 1721 e 1722, seria demolida em 1904 para remodelação do largo, que passou a denominar-se Praça Antônio Prado. Uma nova Igreja do Rosário seria construída no Largo do Paissandu.

Página 31 – No Largo da Sé, na ala direita da igreja, aproveitando o recuo como estacionamento de tílburis de aluguel, visto pelo ângulo da Rua Quinze de Novembro em direção à Praça João Mendes. À direita, a Rua Marechal Deodoro, que desapareceria com a ampliação do largo.

Pagina 32 – A antiga Igreja da Sé vista das imediações da Rua Direita, em direção à atual Wenceslau Brás. Tinha sido construída na segunda metade do século XVII, com a participação de Joaquim Pinto de Oliveira Tebas na construção da fachada e da torre. A Igreja da Sé e a Igreja de São Pedro dos Clérigos foram demolidos no início do século vinte. O modesto largo da Sé seria transformado na majestosa praça da Sé atual com o arrasamento de dois quarteirões.

Página 33 – Largo de São Bento, visto da torre da igreja do antigo Mosteiro de São Bento, tendo em frente a Rua São Bento, com o prédio do Hotel D'Oeste à esquerda, na esquina com a Rua Boa Vista. À direita, a Casa Banhos da Sereia, o primeiro do gênero estabelecido na cidade. À esquerda, ao fundo, vemos a torre da antiga Igreja de Nossa Senhora do Rosário dos Homens Pretos, que dava frente ao Largo do Rosário, atual Praça Antônio Prado.

Página 34 – Largo do Rosário com a Rua Quinze de Novembro. Havia uma concentração de confeitarias, ali ficando a *Castelões*, filial da casa carioca do mesmo nome, e a *Brasserie Paulista*, que seria adquirida em 1902 pelo milanês Vittorio Fasano, o qual, mantendo o nome do estabelecimento, fez grande reforma no imóvel, adicionando um terceiro pavimento com a inscrição do nome do novo dono.

Páginas 36 e 37 – Mudança de trilhos no largo do Brás a fim de permitir o ingresso do bonde elétrico no centro da cidade, que se faria em 1900. Os nomes dos hotéis, *Hotel della Città di Lucca* e *Hotel Bella Napoli*, aparecem nos prédios da foto, comprovando o afluxo de imigrantes italianos na cidade. Há uma riqueza de tipos humanos onde fica clara a origem peninsular de várias dessas figuras.

Página 39 – Viaduto do Chá, piso de tabuado, com um bonde puxado a burros sobre o Vale do Anhangabaú. Ao fundo, o terreno onde seria construído o Theatro Municipal. Sob o viaduto, o vale é ocupado pelas plantações de chá da chácara de propriedade de Francisco Xavier Paes de Barros, Barão de Tatuí, antes pertencente ao Barão de Itapetininga, José Joaquim dos Santos Silva.

Página 40 – *Hotel Central*, no Largo da Matriz, em Piracicaba, onde ocorreu o assassinato do pintor José Ferraz de Almeida Júnior.

Página 42 – No dia 19 de novembro de 1898, Prudente de Morais, findo o mandato, chega à capital paulista, na Estação do Norte, enfeitada com uma profusão de flores e guirlandas. Na saída da estação encontra uma grande multidão se acotovelando na avenida Rangel Pestana e que o acompanharia, num trajeto em carro aberto pelo centro da cidade, percorrendo as ruas Anchieta, Quinze de Novembro, Largo do Rosário e rua São Bento, até alcançar o *Hotel França* na rua Direita. A figura austera e melancólica de Prudente se revela na fotografia.

Página 43 – *Dr. Prudente de Morais*, quadro de Almeida Júnior, sem data, óleo sobre tela, 235 x 144 cm, *Museu Paulista da Universidade de São Paulo (MP/USP).*

CAPÍTULO II

Página 58 – Renato do Amaral Sampaio com sua mãe Maria Laura, *circa* 1912/1913.

Página 59 – Em cima, o Coronel Antônio (Totó) de Almeida Sampaio ao lado das irmãs Anna Brandina, casada com Ladislau do Amaral Campos, e Maria Amália, casada com Antonio Domingos Sampaio. Em baixo as outras irmãs: minha bisavó Francisca Eugenia Sampaio Góes Taques Paes de Barros e tia Luizinha de Almeida Sampaio, avó paterna de minha mulher.

Página 62 – Panfletos espalhados pelos agentes de propaganda, cujo número chegava a quase 7 mil no fim do século XIX, recrutados pelo governo do Estado de São Paulo, que percorriam as cidades do Norte da Itália, oferecendo a passagem de navio, paga pelos governos paulista e brasileiro, estimulando a emigração.

Página 63 – Hospedaria dos Imigrantes, perto do Museu da Imigração do Estado de São Paulo, à Rua Visconde do Parnaíba, 1316, na Mooca, com capacidade para acolher cerca de quatro mil pessoas.

Página 68 – Cartaz de propaganda da companhia de navegação *La Veloce* de 1906, anunciando linhas navais ligando a Itália às Américas. A família

Buschetto veio pelo navio San Gottardo, dessa companhia, com chegada em Santos em 14 de maio de 1895.

Página 70 – Certidão de Nascimento de José Buschetto, filho de José de Almeida Sampaio e de Narcisa Boschetto, nascido em 24 de julho de 1901, às quinze horas, na fazenda São Borges, no Bairro do Pedregulho, distrito de Itu, sendo avós paternos Vicente de Sampaio Goes e Gertrudes de Sampaio Goes, e avós maternos, José Boschetto e Innocencia Boschetto. Foi declarante o pai.

Página 72 – Nave da Paróquia Matriz Nossa Senhora da Candelária, de Itu. Localizada na Praça Miguel, é uma construção terminada em 1780, passando por sucessivas restaurações. Foi tombada pelo Condephaat em 1987. Tem pintura de autoria de José Patrício da Silva, do Padre Jesuíno do Monte Carmelo e de Almeida Júnior. À direita da foto, uma pintura de Almeida Júnior.

Página 78 – Vista aérea de Rovigo, "città delle rose", tendo ao centro o Templo della Beata Vergine del Soccorso, mais conhecida como La Rotonda, pelo formato octogonal de sua planta. Há nela vários protagonistas da pintura veneta como Alessandro Varotari, artista influenciado por Tiziano, Francesco Maffei, máximo intérprete do Barocco, Pietro Muttoni, il Vecchia, Pietro Liberi, Antonio Zanchi e Andrea Celesti, adeptos do "chiaroscurale" na pintura..

Página 79 – Piazza Garibaldi em Rovigo, a poucos passos da *piazza* Vittorio Emanuele, espaço de formação oitocentista. A sua construção foi finalizada em 1808, quando foi demolida a igreja *di S. Giustina*. No centro da praça se ergue um monumento equestre em honra de Giuseppe Garibaldi, de bronze fundido, de autoria do escultor romano Ettore Ferrari. Está ali a *Camara di Commercio* e o *Caffe Borsa*, onde foi encontrado o menino José Buschetto vendendo jornais.

CAPÍTULO III

Página 85 – Em sua edição de 10 de julho de 1930, o *Correio Paulistano* registrou, com duas fotografias e uma longa reportagem, a homenagem que a sociedade ituana prestara com um banquete de 100 talheres ao doutor Frederico Roberto Azevedo Marques, em regozijo pela sua promoção a juiz de Direito da Comarca de Itapetininga. O evento realizou-se num dos salões da Câmara Municipal de Itu, que sofreria um grande incêndio na década 1980. Tomando assento central da mesa estava o homenageado ao lado de Renato Sampaio, prefeito da cidade, e altas autoridades civil, militares e eclesiásticas. Presentes à mesa, o padre José Maria Monteiro, o coronel Epaminondas Teixeira Guimarães, dr. Manuel M. Bueno, promotor público, dr. Pedro Martha, juiz substituto, senhorita Oducilia Sampaio, senhorita Carmelita Machado, sr. Francisco F. Toledo, dr. Carino Espirito Santo, delegado de polícia, sr. Osório D´Elboux, sr. Sylvio de Almeida Sampaio, sr. Luiz de Camargo Penteado, sr. João B. da Silveira, sr. Antonio Nardy Netto, sr. João Carlos de Camargo Teixeira, sr. Antonio de Almeida Toledo, sr. José Dias Aranha, Fausto Teixeira, Leopoldo R. Arruda, senhorita Mercedes Sampaio Mendes, Lucy Azevedo Marques, Nilza Pinho, Celia e Maria Thereza A. Marques, Chiquinha Sampaio, Lygia B. de Carvalho, sra. Maria Antonieta Sampaio Pereira, Luiz de Almeida Sampaio, Maria Eliza Nardy, Felisbina R. Pinho, Carlinda Espírito Santo, Maria de Mattos Pacheco e Silva, Gertrudes Paes de Barros Sampaio, Ermelinda Silveira Machado, Santinha Voss Muniz, Adelia Peres Guimarães, Luiza Conceição Penteado, Maria J. de Paula Leite Piza, Elza Emmorich de Lima, Lalá B. da Silveira, Leothesia Teixeira, Francisca de Carvalho Silva, senhoritas Lucy C. Penteado, Ottilia Paula Leite, dr. Servulo Pacheco e Silva, José de Toledo Piza, Hilario Ferrari, Francisco Leal Nunes, Orlando de Feitas, Irineu A. de Souza, dr. Custodio Pinto Sampaio Netto, dr. Braz Bicudo, Carlos João Calderara, Adolpho Ferraz Sampaio, engenheiro João Baptista de Lima, Antonio de Paula Leite Netto, Flavio de Paula Leite, Graciano Geribella, dr. Amaral Gurgel, Luiz Camargo Junior, Edgardo Pereira Mendes, Lucidio Motta Navarrro, Claudio Ribeiro da Silva, Salvador Januzzi, dr. J.B. Mattos Pacheco, Lafayette Conceição, Sylvio Fonse, Antonio Costa Pinho, Lauro Alves, F. Nardy Filho, José de Almeida Sampaio, Oswaldo Sampaio, Targino Paes de Barros, dr. Ferreira Dias, João de Paula Leite, Sylvio Galvão, Alfredo Miguel , Lauro Engler, Antonio Peres Guimarães, José Muniz de Mello e eng. Gastão S. Machado.

Página 87 – Após o banquete, em outro salão da Câmara Municipal, reuniram-se os parentes mais chegados de Renato Sampaio, identificados no texto, às páginas 88 e 89.

Páginas 89 a 93 – A derrubada da mata e o plantio de café nas propriedades em Bandeirantes. Em todas elas estão Renato, Sylvio e empregados

Página 94 – Fausto Sampaio nas proximidades de Buenos Aires com resultado de meio dia de caça. Criança Fausto fora para a Argentina, como se relata no texto.

Página 95 – Foto dos irmãos da noiva no casamento de Renato Sampaio com Gertrudes Paes de Barros, identificados no texto. Realizado em 24 de dezembro de 1912 em São João da Bocaina. Na ponta esquerda da fotografia vemos a figura de Renato do Amaral Sampaio, tendo à sua frente o meio irmão, José Boschetto Sampaio, filho de Juquinha, recém-chegado da Itália. Ao lado do menino, sentado, está meu bisavô, Joaquim Fernando Paes de Barros. Juquinha está sentado na ponta direita, meio calvo e com bigode e pera.

Página 96 – Igreja Matriz São João Batista, em São João da Bocaina, depositária de 13 telas sacras de Benedito Calixto.

Páginas 98, 99 e 100 – Juquinha em Bandeirantes, norte do Paraná, na fazenda de Sylvio Sampaio, no final de sua vida.

Página 101 – Pescaria no rio Cinzas que nasce em Piraí do Sul e deságua no Paranapanema. Todas as invernadas das propriedades da família Sampaio ficam à margem desse rio.

POST SCRIPTUM

Página 111 – Tese de Mestrado apresentada pelo autor na Faculdade de Direito da Universidade de São Paulo em 1966. A defesa da Tese ocorreu em sessão de 5 de dezembro de 1967. A Banca Examinadora foi presidida pelo Professor Miguel Reale e era composta pelos Professores Sylvio Marcondes, Oscar Barreto Filho, Philomeno J. da Costa e Antônio Chaves.

Esta obra foi impressa na Gráfica Geográfica em papel couché fosco
115 g/m² na tipologia Times New Roman para a Editora Singular.